Annie Monnerie-Goarin
Évelyne Siréjols

Champion 1

Méthode de français

Livre de l'élève

CLE
INTERNATIONAL

AVANT-PROPOS

Champion 1 s'adresse à des grands adolescents et adultes faux débutants en français. Cette méthode permet à l'apprenant de communiquer dans des situations de vie quotidienne, à l'oral et à l'écrit.

Les compétences acquises grâce à cette méthode préparent notamment l'apprenant au passage de l'unité A1 du *DELF*. **Champion 1** permet également de maîtriser les éléments nécessaires pour se présenter à l'unité A4 du *DELF* lorsque celle-ci est placée en première ou deuxième position.

Les dialogues se déroulent dans un quartier d'une ville de province et mettent en scène des personnages de niveaux socioculturels variés.
Ces personnages apparaissent à la fois dans les dialogues de départ et dans les différentes activités proposées.

Champion 1 est constitué de 16 dossiers comportant chacun 3 séquences :
- La **première séquence**, **à dominante « oral »**, propose un dialogue entre des personnages. Ce support oral est suivi d'exercices de grammaire qui reprennent ou approfondissent le (ou les) point(s) de grammaire et le (ou les) acte(s) de parole présenté(s) dans les dialogues.

- La **deuxième séquence**, **à dominante « écrit »**, présente un document reprenant la même thématique que le contenu du dialogue.

Ces deux séquences permettent d'acquérir un bagage lexical de 45 à 50 mots considérés comme actifs.

- La **troisième séquence** de chaque dossier permet de travailler **les compétences de compréhension et de production écrites et orales**. Les supports utilisés pour la compréhension reprennent les points grammaticaux et lexicaux des deux premières séquences. Les éléments nouveaux qui peuvent apparaître ne sont pas considérés comme actifs.
Cette partie comporte également des exercices de phonétique et de graphie.
Certaines de ces activités sont plus spécifiquement orientées vers la préparation des unités A1 et A4 du *DELF*.

Tous les quatre dossiers, un **bilan** fait le point sur les savoirs linguistiques et communicatifs travaillés dans les leçons. De nouveaux exercices, conformes aux directives mises en place pour l'unité A4 du *DELF*, y sont intégrés.

À la fin de l'ouvrage, un précis grammatical reprend de façon synthétique les points de grammaire présentés dans la méthode.

Les corrigés des exercices et le script des enregistrements se trouvent dans le livret placé à l'intérieur de l'ouvrage.

© CLE International HER, 2001. ISBN : 978-209-033671-9
© CLE International / SEJER. 2003

MODE D'EMPLOI

Une unité = Trois séquences

1. Une séquence à dominante « oral ».
2. Une séquence à dominante « écrit ».
3. Une séquence réservée aux quatre compétences :

lire
écrire   } et permettant de se préparer au DELF
écouter
parler

● **Séquence à dominante « oral »**

Dialogue
entre les personnages
du quartier

Exercices
de grammaire

● **Séquence à dominante « écrit »**

Document
portant sur le même thème
que le dialogue

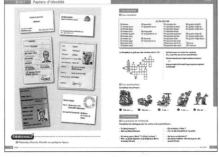

Exercices de vocabulaire
et de grammaire
à faire par écrit

● **Séquence « Compétences »**

| Phonétique |

| Graphie et dictée |

| Écouter |
Compréhension orale

| Parler | Production orale (jeu de rôle)

| Lire | Compréhension écrite

| Écrire | Production écrite

Bilan (toutes les quatre unités)

Vous connaissez : vérification des connaissances grammaticales.
Vous savez : vérification des compétences à communiquer.
Épreuves du DELF : préparation à l'unité A1 et A4 du DELF avec des sujets types.

LA FRANCE DANS LE MONDE

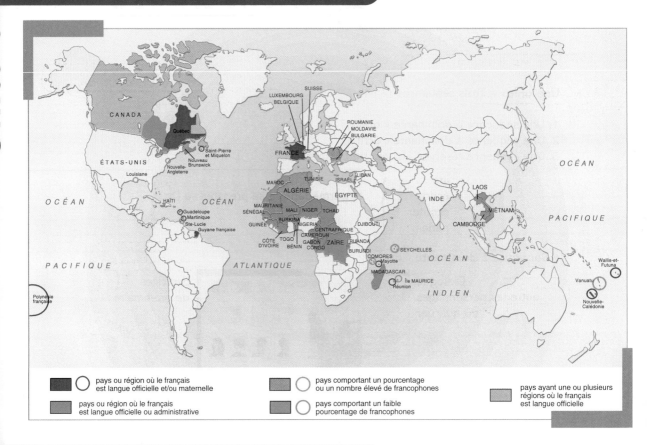

- ⬛ ◯ pays ou région où le français est langue officielle et/ou maternelle
- ▨ ◯ pays ou région où le français est langue officielle ou administrative
- ▨ ◯ pays comportant un pourcentage ou un nombre élevé de francophones
- ▨ ◯ pays comportant un faible pourcentage de francophones
- ▨ pays ayant une ou plusieurs régions où le français est langue officielle

LA FRANCE EN EUROPE

Vous présenter, présenter quelqu'un

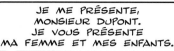

Saluer

Prendre congé

Vous excuser

Remercier

Demander un renseignement

Demander un objet

Épeler

Dire comment vous vous appelez

Vous débrouiller

Il vous manque un mot en français.
Vous dites :

Vous voulez entendre une deuxième
fois ce qu'on vous a dit. Vous dites :

Vous ne comprenez pas. Vous dites :

Les jours de la semaine

dimanche **lundi** **mardi** mercredi **jeudi** vendredi **samedi**

Les mois de l'année

JANVIER			FEVRIER			MARS			AVRIL			MAI			JUIN		
1	V	**JOUR de l'An**	1	L	S. Ella	1	L	S. Aubin	1	J	S. Hugues	1	S	**FÊTE du TRAVAIL**	1	M	S. Justin
2	S	S. Basile	2	M	Présentation	2	M	S. Charles le B.	2	V	Sᵉ Sandrine	2	D	S. Boris	2	M	Sᵉ Blandine
3	D	**Épiphanie**	3	M	S. Blaise	3	M	Sᵉ Guénolé	3	S	S. Richard	3	L	SS. Phil., Jacq.	3	J	S. Kévin
4	L	S. Odilon	4	J	Sᵉ Véronique	4	J	S. Casimir	4	D	**PÂQUES**	4	M	S. Sylvain	4	V	Sᵉ Clotilde
5	M	S. Édouard	5	V	Sᵉ Agathe	5	V	S. Olive	5	L	**L. de Pâques**	5	M	Sᵉ Judith	5	S	S. Igor
6	M	S. Mélaine	6	S	S. Gaston	6	S	Sᵉ Colette	6	M	S. Marcellin	6	J	Sᵉ Prudence	6	D	**Fête-Dieu**

JUILLET			AOÛT			SEPTEMBRE			OCTOBRE			NOVEMBRE			DÉCEMBRE		
1	J	S. Thierry	1	D	S. Alphonse	1	M	S. Gilles	1	V	S. Th. de l'E.J.	1	L	**TOUSSAINT**	1	M	Sᵉ Florence
2	V	S. Martinien	2	L	S. Julien Ey.	2	J	Sᵉ. Ingrid	2	S	S. Léger	2	M	Défunts	2	J	Sᵉ Viviane
3	S	S. Thomas	3	M	Sᵉ Lydie	3	V	S. Grégoire	3	D	S. Gérard	3	M	S. Hubert	3	V	S. Xavier
4	D	S. Florent	4	M	S. J.M. Vianney	4	S	Sᵉ Rosalie	4	L	S. Fr. d'Assise	4	J	S. Charles	4	S	Sᵉ Barbara
5	L	S. Antoine	5	J	S. Abel	5	D	Sᵉ Raïssa	5	M	Sᵉ Fleur	5	V	Sᵉ Sylvie	5	D	S. Gérald
6	M	Sᵉ Mariette	6	V	Transfiguration	6	L	S. Bertrand	6	M	S. Bruno	6	S	Sᵉ Bertille	6	L	S. Nicolas

Les saisons

hiver

printemps

été

automne

Les mots de la classe

un livre

un cahier d'exercices

un stylo

une feuille de papier

un bureau

un ordinateur

une cassette

Le professeur vous dit :

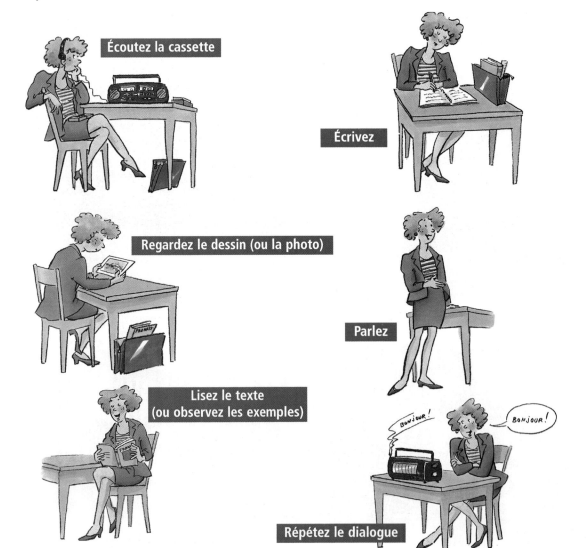

Écoutez la cassette

Écrivez

Regardez le dessin (ou la photo)

Parlez

Lisez le texte
(ou observez les exemples)

BONJOUR !

BONJOUR !

Répétez le dialogue

La coupe du monde de football 98.

Les parfums.

La mode.

Les châteaux de la Loire (Chambord).

Le Concorde.

Les fromages.

Pierre Chardin

Arthur

Adrien

Cécile et Paul
Lemercier

Jean Dubois

Litza Ritsos

Antoine Martin

Marco Vaz

Mattias Schluter

Philippe et Brigitte Combes

Sabrina Charfaoui

Mina Charfaoui

Nicolas Vasseur

Kamel Charfaoui

Maurice Chardin

Ahmed Charfaoui

Véronique Leguen

Robert et Christine Petit

Martine Leroux

Joseph Cellier

Unité 1

🎧 **Dans la rue.**

M. Dubois – Salut, Pierre, tu vas bien ?

Pierre Chardin – Ça va très bien ! C'est samedi !

Nicolas Vasseur – Bonjour, monsieur Dubois, ça va ?

M. Dubois – Ça va, merci.

M. Charfaoui – Qui est-ce ?

Véronique Leguen
– C'est Nicolas Vasseur.

M. Charfaoui – Il habite ici ?

Véronique Leguen – Oui,
15 rue Pasteur.

M. Charfaoui
– Qu'est-ce qu'il fait ?

Véronique Leguen – Il est
journaliste. Il travaille à *Ouest-Infos*.

M. Charfaoui – Journaliste !
Il est jeune.

Véronique Leguen – Jeune… jeune
… il a bien 30 ans !

M. Charfaoui – Ah… ∎

Entraînez-vous 🖊 ●

1 Présentations.

a) 🎧 **Écoutez et répétez :**

Nicolas Vasseur.	C'est Nicolas Vasseur.	Cécile Lemercier.	C'est Cécile Lemercier.
Je suis journaliste.	Il est journaliste.	Je suis médecin.	Elle est médecin.
J'habite et je travaille à Rennes.	Il habite et il travaille à Rennes.	Je travaille à Rennes.	Elle travaille à Rennes.
J'ai 30 ans.	Il a 30 ans.	J'ai 28 ans.	Elle a 28 ans.

ÊTRE		AVOIR		TRAVAILLER ou verbes en -ER		HABITER
Présent		*Présent*		*Présent*		*Présent*
Je suis		J'ai		Je travaille		J'habite
Tu es		Tu as		Tu travailles		Tu habites
Il/Elle est		Il/Elle a		Il/Elle travaille		Il/Elle habite

🎧 **Nombres de 1 à 30**

1 un	11 onze	21 vingt et un
2 deux	12 douze	22 vingt-deux
3 trois	13 treize	23 vingt-trois
4 quatre	14 quatorze	24 vingt-quatre
5 cinq	15 quinze	25 vingt-cinq
6 six	16 seize	26 vingt-six
7 sept	17 dix-sept	27 vingt-sept
8 huit	18 dix-huit	28 vingt-huit
9 neuf	19 dix-neuf	29 vingt-neuf
10 dix	20 vingt	30 trente

PRONOMS SUJETS	
1re personne du singulier	**je (j')**
2e personne du singulier	**tu**
3e personne du singulier	**il** *(masculin)* **elle** *(féminin)*

b) Présentez-les :

■ Sabrina Charfaoui, 23 ans, secrétaire, travaille chez M. Combes.

■ Paul Lemercier, 29 ans, ingénieur, travaille à Plouaret.

■ Mattias Schluter, 19 ans, allemand, étudiant, habite rue Pasteur.

■ Litza Ritsos, 22 ans, grecque, au pair chez M. et Mme Lemercier.

c) Ils se présentent :
– Je suis …

> **Professions**
> ingénieur
> étudiant
> libraire
> jeune fille au pair
> secrétaire
> pharmacienne
> employé

> **Attention !**
> Elle travaille à Rennes
> **chez M. et Mme Lemercier.**

2 Questions.

a) 🎧 Écoutez :

– Qu'est-ce qu'il fait ?
– Il est journaliste.

– Qu'est-ce que tu fais ?
– Je suis étudiant.

– Il a quel âge ?
– 30 ans.

– Tu as quel âge ?
– J'ai 19 ans.

> **Attention !**
> Qu'est-ce qu'il fait ?
> Il a quel âge ?
> Il habite où ?

– Il habite où ?
– 15 rue Pasteur, à Rennes.

– Tu habites où ?
– À Rennes.

b) Posez des questions et faites les réponses pour : Sabrina Charfaoui, Paul Lemercier, Litza Ritsos, Mattias Schluter.

Cécile Lemercier

Médecin

12, rue Vasselot
35000 Rennes

Tél.: O2 12 21 15 15

Antoine Martin
Agent immobilier/voyagiste

26, boulevard Danton 35000 Rennes
Tél. : O2 12 21 18 17

---

1. Nom **Combes**

2. Prénom **Philippe**

3. Date de naissance
22 mars 1954

4. Lieu de naissance
Bruxelles

5. Profession
dentiste

6. Délivré à
**Bruxelles,
le 19/6/97**

7. Valable jusqu'au
18/6/2002

8. Adresse
**14, avenue Hoche
35000 Rennes**

9. signature

Nom :   Leguen

Prénom :   Véronique

Profession :   libraire

Date de naissance : 7 août 1974

Lieu de naissance : Paris 15e

Adresse :   29, rue de la Poste
                35000 Rennes

Délivré à   Paris, le 24/5/1995

Valable jusqu'au   23/5/2005

Signature :

Nom : Chardin

Prénom : Maurice

Date et lieu de naissance : né le 19 juin 1946
                                à Bordeaux

Profession : boucher

Adresse : 15, place
de la Cathédrale

35000 Rennes

Délivré le :
6 septembre 1965 à Rennes

Mattias Schluter

Né le : 30 décembre 1978
         à Düsseldorf (Allemagne)

est inscrit à l'université : de Rennes
                    en 2e année de
                        chimie

UNIVERSITÉ DE RENNES

1 **Présentez Maurice Chardin en quelques lignes.**

Vocabulaire

2 Les nombres.

🎧 **De 30 à 101**

30 trente	40 quarante	70 soixante-dix	80 quatre-vingt(s)
31 trente et un	41 quarante et un	71 soixante et onze	81 quatre-vingt-un
32 trente-deux	…	72 soixante-douze	82 quatre-vingt-deux
33 trente-trois	50 cinquante	73 soixante-treize	…
34 trente-quatre	51 cinquante et un	74 soixante-quatorze	90 quatre-vingt-dix
35 trente-cinq	…	75 soixante-quinze	91 quatre-vingt-onze
36 trente-six	60 soixante	76 soixante-seize	92 quatre-vingt-douze
37 trente-sept	61 soixante et un	77 soixante-dix-sept	…
38 trente-huit	…	78 soixante-dix-huit	100 cent
39 trente-neuf		79 soixante-dix-neuf	101 cent un

a) Complétez la grille par des nombres de 0 à 10 :

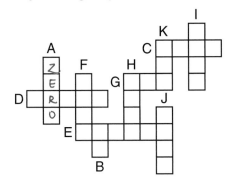

b) Retrouvez et notez les nombres (il y a parfois plusieurs possibilités) :

Quinze/septdouzevingttrentedeuxvingtsept

15

troisunvingthuitdixneufvingtsixquatrevingtneuf huitdixsept

3 Les professions.

Complétez les phrases :

❶ Elle est …   ❷ Elle est …   ❸ Il est …   ❹ Il est …   ❺ Elle est …

Grammaire

4 Le présent de l'indicatif.

Complétez les dialogues par les verbes entre parenthèses :

– Tu (être) français ?
– Non, je (être) allemand.

– Qu'est-ce que tu (faire) ? Tu (être) étudiant ?
– Non. Je (être) ingénieur et je (habiter) à Berlin.
Je (avoir) 26 ans.

– Elle (habiter) à Paris ?
– Oui, et elle (travailler) à Versailles.

– Qu'est-ce qu'elle (faire) ?
– Elle (être) médecin, elle (être) jeune, elle
(avoir) 29 ans.

Phonétique

L'intonation.

1 🎧 Écoutez ces phrases et mettez une croix quand vous entendez une question.

> **Attention !**
> En général,
> pour poser une question,
> la voix monte,
> sauf s'il y a un mot interrogatif
> en début de phrase.
> Pour répondre, la voix descend.

	a	b	c	d	e	f	g	h	i	j	k
QUESTION											

2 🎧 Écoutez et répétez ces phrases. Imitez l'intonation.

QUESTION	RÉPONSE
– Tu vas bien ?	– Ça va très bien.
– Il habite ici ?	– Non, il habite à Bordeaux.
– Qu'est-ce qu'il fait ?	– Il est journaliste.
– Tu as quel âge ?	– J'ai 19 ans.
– Tu habites où ?	– J'habite à Rennes.
– Qu'est-ce que tu fais ?	– Je suis étudiant.
– C'est Litza ?	– Non, c'est Sabrina.
– Elle a quel âge ?	– Elle a 23 ans.
– Qui est-ce ?	– C'est Brigitte Combes.
– Tu es français ?	– Non, je suis allemand.

3 🎧 Transformez ces phrases en questions :

C'est Nicolas Vasseur.
Il est jeune.
Il est journaliste.
Il a 30 ans.
Il habite à Rennes.
Il travaille à *Ouest-Infos*.

4 🎧 Transformez ces questions en réponses :

C'est Litza Ritsos ?
Elle est grecque ?
Elle est étudiante ?

C'est madame Lemercier ?
Elle travaille ?
Elle est médecin ?
Elle a deux enfants ?

Graphie

5 Complétez ces phrases par es, est ou ai.

> **Attention !**
> Ces trois sons se prononcent de la même façon.

J' . . . 18 ans.
Elle . . . médecin.
Tu . . . à Rennes ?
Elle . . . jeune.

Tu . . . française ?
C' . . . Sabrina ?
J' . . . une librairie.
C' . . . samedi.

6 Complétez ces phrases par a, as ou à.

Elle . . . 18 ans.
Il est . . . Paris ?
Sabrina . . . 23 ans.
Tu . . . bien 30 ans ?
J'habite . . . Bordeaux.

Il travaille . . . *Ouest-Infos*.
Il . . . deux enfants.
C'est . . . Rennes.
Il . . . 30 ans.

7 🎧 Dictée...

Écouter

8 🎧 Écoutez et complétez ces fiches :

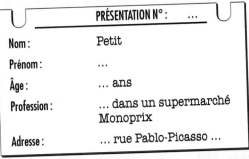

PRÉSENTATION N° :   . . .

Nom :   Petit
Prénom :   . . .
Âge :   . . . ans
Profession :   . . . dans un supermarché Monoprix
Adresse :   . . . rue Pablo-Picasso . . .

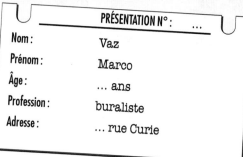

PRÉSENTATION N° :   . . .

Nom :   Vaz
Prénom :   Marco
Âge :   . . . ans
Profession :   buraliste
Adresse :   . . . rue Curie

PRÉSENTATION N° :   . . .

Nom :   Leroux
Prénom :   Martine
Âge :   . . . ans
Profession :   . . .
Adresse :   . . . rue Pasteur

9 Indiquez ensuite le numéro de téléphone de :
Robert Petit : ...   Martine Leroux : ...   Marco Vaz : ...

Parler

10 Vous connaissez ces personnages ? Présentez-les à partir de ces informations :

Sophie Marceau
actrice
française
habite à Paris

Jacques Chirac
président de la République
français
habite à Paris

Céline Dion
chanteuse
canadienne
habite à Québec

Lire

11 Qui est-ce ? Vous les connaissez.
Écrivez le nom et le prénom de ces personnes.

Nom : ...

Prénom : ...

Profession : secrétaire

Date de naissance :
19 juin 1976

Adresse : 15, rue de la Poste
35000 Rennes

Délivré à Rennes, le 19/6/1997

Valable jusqu'au 18/6/2002

Signature :

PRESSE

Nom : ...

Prénom : ...

Profession : ...

Date de naissance : 2 juin 1969

Adresse : 15, rue Pasteur
35000 Rennes

Délivré à ...

Valable jusqu'au ...

Signature :

Écrire

12 Faites un petit texte pour présenter :
– Litza Ritsos
– Nicolas Vasseur
– Brigitte Combes

Unité 2

🎧 Dans un café du quartier, des clients commandent des consommations.

Serveur – Qu'est-ce que vous prenez ?

M. Petit – Je voudrais un café, s'il vous plaît. Et un verre d'eau et des glaçons.

M. Dubois – Et moi une bière.

M. et Mme Lemercier
– L'addition, s'il vous plaît.

Serveur – Un chocolat et une glace vanille, ça fait 5 euros.

🎧 Au tabac
(dans un coin du café).

M. Vaz – Vous désirez ?

Sabrina – Vous avez des cartes postales ?

M. Vaz – Bien sûr, j'ai des cartes postales.

Sabrina – Alors une carte postale et un timbre !

M. Vaz – 1 euro, plus 50 centimes, ça fait 1,50 euro.

Sabrina – Et *Ouest-Infos*, s'il vous plaît. Je cherche un appartement.

M. Vaz – Voilà *Ouest-Infos*… et c'est un cadeau.

Sabrina – Un cadeau ?

M. Vaz – Oui, pour vous, c'est gratuit.

Sabrina – Dites, heureusement… il est d'hier ! ■

Entraînez-vous

1 « Je voudrais un café... »

a) 🎧 Écoutez et répétez :

– Qu'est-ce que tu prends ?
– Un thé.
– Et toi, Julien ?
– Moi, je voudrais un jus de fruit.

PRONOMS TONIQUES
Moi, je…
Toi, tu…
Lui, il…
Elle, elle…

ARTICLES INDÉFINIS		
	SINGULIER	PLURIEL
Masculin	**un**	des
Féminin	**une**	des

b) Imitez. Remplacez un thé, un jus de fruit **par** : un café, un chocolat, une bière, une eau minérale, une menthe à l'eau, une glace.

2 Tu ou vous ?

a) 🎧 Écoutez et répétez :

Mattias à Sabrina : « Qu'est-ce que tu prends ? »
M. Vaz à Sabrina : « Vous désirez ? »

	PRONOMS SUJETS
2ᵉ pers. du singulier	**tu**
2ᵉ pers. du pluriel	**vous***

* Utilisé aussi quand on ne connaît pas bien la personne → « vous » de politesse.

b) Transformez :

Sabrina à M. Lemercier : « Qu'est-ce que vous faites ? »
Sabrina à Mattias : . . .
Sabrina à Mattias : « Tu habites où ? »
Sabrina à Mme Leguen : . . .
Mme Leguen à Mme Leroux : « Vous allez bien ? »
Mattias à Sabrina : . . .

PRENDRE
Présent
Je prends
Tu prends
Il/Elle prend
Vous prenez

FAIRE
Présent
Je fais
Tu fais
Il/Elle fait
Vous faites

ÊTRE
Présent
Tu es
Vous êtes

AVOIR
Présent
Tu as
Vous avez

HABITER
Présent
Tu habites
Vous habitez

ALLER
Présent
Tu vas (bien) ?
Vous allez (bien) ?

3 Ça fait combien ?

a) 🎧 Écoutez et répétez :
– Ça fait combien ?
– Un thé et un jus de fruit, ça fait 5 euros.

Demander un prix
– Ça fait combien ? – Ça fait …
– C'est combien ? – C'est …

b) Faites l'addition pour :
– une glace et une bière,
– deux Coca et un chocolat.

Consommations

Un thé	2 €
Un café	2 €
Un chocolat	1 €
Une eau minérale	2 €
Une menthe à l'eau	2 €
Une glace	2 €
Une bière	2 €
Un Coca	2 €
Un jus de fruit	3 €

■ Oui,

je désire recevoir gratuitement

un catalogue La Redoute

automne 98-hiver 99

et un téléphone compact en cadeau.

Coordonnées : . . . .
. . . .
. . . .

Pour demander un catalogue ✆ téléphone 08 36 68 36 08

Magazine
TENDANCES

JE PRENDS UN ABONNEMENT

❑ **d'un an : 10 numéros**
à 3 € pour **21 €**

au lieu de 30 €,
soit une économie de 9 €.

❑ **de deux ans : 20 numéros**
3 € pour **43 €**

au lieu de 61 €,
soit une réduction de 30%
ou 6 numéros gratuits.

J'ENVOIE

❑ un chèque bancaire
❑ un chèque postal
❑ un mandat
❑ *Je paie par carte bleue :*
Numéro : . . . .

Entraînez-vous

🎧 De 100 à 501

100 cent
101 cent un
102 cent deux
. . .

200 deux cents
201 deux cent un
202 deux cent deux
. . .

300 trois cents
301 trois cent un
302 trois cent deux
. . .

400 quatre cents
401 quatre cent un
402 quatre cent deux
. . .

500 cinq cents
501 cinq cent un
. . .

PAYER	ENVOYER
Présent	*Présent*
Je paie	J'envoie
Tu paies	Tu envoies
Il/Elle paie	Il/elle envoie
Vous payez	Vous envoyez

Attention !
En général, on ajoute un « s » au pluriel.
des catalogues
des magazines

Pour certains noms, le pluriel est différent.
un cadeau / des cadeaux
un journal / des journaux

Vocabulaire

1 La presse.

Complétez avec des mots des documents
de la page 22 :

VOUS ÊTES ÉTUDIANTS

Vous désirez un ...
à *Apprendre en France*.

Pour un an (12 . . .), vous . . . 24 €,
. . . de 37 €.

Une . . . de 13 €, soit 4 numéros . . .

Grammaire

2 Un ou une ?

a) Classez les mots suivants dans la bonne colonne : cadeau, abonnement, chèque, carte postale, glace, timbre, catalogue, bière, eau minérale, glaçon.

UN	UNE
...	...
...	...

b) Mettez les mots en gras au singulier.
Exemple : **deux jus de fruits** ➜ *un jus de fruit.*

– **Deux cafés,** s'il vous plaît.
– Vous avez **des timbres** ?
– Je voudrais **trois menthes à l'eau.**
– Vous prenez un abonnement ? Vous avez **deux numéros gratuits.**
– Vous désirez recevoir **des catalogues** ?
– Je voudrais **deux chocolats,** s'il vous plaît.

3 Conjugaison.

Réécrivez ce texte en remplaçant tu par vous.

« Pour recevoir *Elle*, tu prends un abonnement d'un an, et tu as une réduction de 23 €.
Tu paies 82 € pour 52 numéros.
Tu envoies un chèque ! Et tu as un cadeau ! »

4 Qui est-ce ?/ Qu'est-ce que c'est ?

Complétez ces questions par Qui est-ce ou qu'est-ce que c'est.

– ... ?
– C'est Marco Vaz.
– ... ?
– C'est *Ouest-Infos*.
– ... ?
– C'est un cadeau.
– ... ?
– C'est Sabrina Charfaoui.
– ... ?
– C'est l'addition.
– ... ?
– C'est un étudiant allemand.
– ... ?
– C'est une menthe à l'eau.

Phonétique

Les sons /e/ comme dans café
et /ɛ/comme dans voudrais.

1 🎧 Écoutez et mettez une croix quand vous entendez le même son.

	a	b	c	d	e	f
DIFFÉRENT						
IDENTIQUE						

2 🎧 Mettez une croix quand vous entendez le son /e/ comme dans café.

	a	b	c	d	e	f
/e/						

3 🎧 Écoutez et répétez :

--- /e/ ---

Vous habitez rue Doré ?
Vous avez un numéro de téléphone ?
Vous allez à Vitré ?
Vous écrivez, vous téléphonez ?
Vous prenez un café, un thé ?
Vous désirez ?

--- /ɛ/ ---

Je voudrais une bière.
S'il vous plaît, mademoiselle !
Tu paies par chèque ?
Vous êtes française ?
C'est combien une bière ?
Je cherche une adresse.

--- /e/ /ɛ/ ---

Je voudrais un thé.
C'est une jeune étudiante.
Je vais au café.
Vous allez à Rennes ? Non, je vais à Vitré.
Vous êtes médecin ou libraire ?
Vous désirez une bière ?

Graphie

4 Complétez par é ou ez.

Vous d. . . sir. . . ? Vous pren. . . un th. . .,
un caf. . . ?
Vous av... un num...ro de t...l...phone ?
Vous êtes ...tudiant ?

5 Complétez par e, è, ê, ai (aî), es ou est.
Mademois. . . lle, je ch. . . rche un numéro
de *Tendances*.
Qu. . . lle . . . votre adr. . . sse ?
Je voudr. . . s une bi. . . re, s'il vous pl. . . t !
Tu p. . . es par ch. . . que ?
Vous . . . tes franç. . . se ?
Tu . . . libr. . . re ? Non, je suis secrét. . . re.
Qu'. . . -ce que vous f. . . tes ?

6 🎧 Dictée...

Écouter

7 🎧 Qu'est-ce qu'ils commandent ?
Mettez une croix dans la bonne colonne.

	ANNE	SOPHIE	LAURENT
un café			
un jus de fruit			
un Coca			
une glace			
une bière			
un verre d'eau			

Parler

8 M. et Mme Lemercier sont au café.
Ils commandent un café (1 euro) et
un jus de fruit (2 euros). Ils paient.
Imaginez le dialogue.

Lire

9 **Lisez ce document.**

OFFRE SPÉCIALE D'ABONNEMENT *Télévie*

☐ **OUI, je m'abonne à Télévie** :
70 € pour 1 an (52 numéros) au lieu de 79 €
(prix au numéro) soit <u>6 numéros gratuits.</u>

Vous m'envoyez en cadeau un Pictionary de voyage.

Mlle Vial Marion
45, rue Anatole France
92300 Levallois-Perret

3615 Télévie Pour vous abonner par Minitel, vous faites le code ATIC (0,50 € la minute).

Merci d'envoyer ce bulletin avec un chèque bancaire à :

Télévie, Service abonnements - 118, avenue Foch - 75016 PARIS CEDEX 17

Puis mettez une croix devant les phrases vraies.

a) ☐ Un abonnement à *Télévie*, c'est 79 € pour
un an.
b) ☐ Un numéro normal fait 2 €.
c) ☐ Quand on prend un abonnement, on a un
numéro gratuit.
d) Avec un abonnement d'un an, on envoie :
☐ un Minitel,
☐ un *Pictionary*,
☐ un voyage.
e) ☐ On peut prendre un abonnement par le
Minitel.
f) Par Minitel, on paie l'abonnement :
☐ 0,50 €,
☐ 551 €,
☐ 70 € + 0,50 € la minute de Minitel.

Écrire

10 Véronique Leguen désire recevoir un
catalogue *La Redoute* automne 98-hiver 99.
Elle écrit une carte à La Redoute pour
avoir gratuitement le catalogue.
Complétez sa carte et indiquez son
adresse.

Madame,

Je . . . .
. . . . .
. . . . .
. . . . en vous remerciant.

Véronique Leguen.

Unité 3

🎧 À l'hôtel de Joseph Cellier.

Le client – Bonjour monsieur.

M. Cellier – Bonjour madame. Bonjour monsieur.

Le client – Nous voudrions une chambre pour deux personnes, sur la cour.

M. Cellier – Avec une salle de bains, bien sûr ?

Le client – Non non, avec une douche.

M. Cellier – Ah monsieur, les chambres avec douche ne sont pas sur la cour.

Le client – Alors, je prends une chambre sur la rue, tant pis.

M. Cellier – Bien, monsieur.

Le client – Et il y a la télévision ?

M. Cellier – Monsieur, ici, toutes les chambres ont la télévision et le téléphone.

Le client – Justement, je veux une chambre sans téléphone et sans télévision !

M. Cellier – Mais monsieur, ce n'est pas possible.

Le client – Il y a bien une solution…

M. Cellier – Une solution ?

Le client – Une chambre sur cour, c'est combien ?

M. Cellier – 69 €, monsieur.

Le client – Alors, vous me faites un prix : 69 € moins la salle de bains, moins le téléphone, moins la télévision, ça fait 46 €.

M. Cellier – Et pourquoi pas le restaurant à prix réduit ?

Le client – Ça, c'est une bonne idée. ∎

Entraînez-vous · · · · · · · · · · · · · · · · · ·

1 « Je voudrais une chambre... »

a) 🎧 **Écoutez et répétez :**
– Je voudrais une chambre avec douche.
– Pour combien de personnes ?
– Pour deux personnes.
– Avec douche… J'ai la chambre 22.
– Et c'est combien ?
– La chambre pour deux personnes avec douche, c'est 53 €.

Hôtel Atmosphères		
TARIFS	*sur la rue*	*sur la cour*
chambre/douche 1 pers.	38 €	46 €
chambre/douche 2 pers. (deux lits ou un grand lit)	53 €	61 €
chambre/bain 1 pers.	46 €	53 €
chambre/bain 2 pers.	61 €	69 €

b) Imitez et remplacez une chambre pour deux personnes avec douche **par** une chambre pour une personne avec bain.

2 « Il y a la télévision ? »

a) 🎧 **Écoutez et observez :**
Le thé, c'est pour madame, **le** jus de fruit, c'est pour monsieur, et **la** glace, c'est pour moi. Et **l'**addition, s'il vous plaît !

b) Imitez et remplacez thé, jus de fruit et glace **par** eau minérale, café et bière.

L'ARTICLE DÉFINI		
	SINGULIER	**PLURIEL**
Masculin	**le, l'***	les
Féminin	**la, l'***	
	devant a, e, i,o, u, y, h	

3 « Les chambres avec douche ne sont pas sur la cour. »

a) Observez et comparez :
– La chambre 22 est sur la cour ?
– Ah non ! Elle n'est pas sur la cour.
– Et elle fait combien.
– 38 €. Elle a la télévision, bien sûr !

– Les chambres avec douche sont sur la cour ?
– Ah non ! Elles ne sont pas sur la cour.
– Et elles font combien ?
– 38 € la chambre. Elles ont la télévision, bien sûr !

b) Observez ce dialogue :
Un étudiant à un autre étudiant :
– Qu'est-ce que tu fais, toi ?
– Moi, je suis étudiant en chimie.
– Tu habites à Paris ?
– Non, je n'habite pas à Paris mais à Lyon.
– Tu as un appartement ?
– Non, j'ai une chambre.

c) Transformez ce dialogue au pluriel :
– à la deuxième personne,
– à la troisième personne.

LES VERBES/PRÉSENT *(Suite)*

ÊTRE	AVOIR	TRAVAILLER
Présent	*Présent*	*Présent*
Nous sommes	Nous avons	Nous travaillons
Vous êtes	Vous avez	Vous travaillez
Ils/Elles sont	Ils/Elles ont	Ils/Elles travaillent

ALLER	FAIRE	PRENDRE
Présent	*Présent*	*Présent*
Nous allons	Nous faisons	Nous prenons
Vous allez	Vous faites	Vous prenez
Ils/Elles vont	Ils/Elles font	Ils/Elles prennent

VOULOIR	
Présent	*Conditionnel*
Je veux	Je voudrais
Tu veux	
Il/Elle veut	
Nous voulons	Nous voudrions
Vous voulez	
Ils/Elles veulent	

	PRONOMS SUJETS	PRONOMS TONIQUES
1re pers. du pluriel	**nous**	**nous**, nous…
2e pers. du pluriel	**vous**	**vous**, vous…
3e pers. du pluriel	**ils** *(masculin ou masculin + féminin)*	**eux**, ils…
	elles *(féminin)*	**elles**, elles…

La négation

Ça va./Ça **ne** va **pas**.
Elle a le téléphone./Elle **n'**a **pas** le téléphone.

AGENCE MARTIN

26, boulevard Danton
35000 Rennes

Pour les propriétaires de l'immeuble A
6, place de la Libération
35000 Rennes

Madame, Monsieur,

Nous avons une chambre de service à vendre
dans l'immeuble A, 6, place de la Libération.

Pour tout renseignement, appeler le 01 42 22 05 04.

A. MARTIN

LOCATIONS

• Rue de l'Intendance – Appt 68 m² compr entrée, wc, cuis, sdb, ch, beau séjour. À louer 381 € par mois. 2e étage sans asc.

• Au 8e étage avec asc, appt de 43 m² compr : entrée, cuis, séjour, ch, sdb, wc. Cave. 335 € par mois.

RECHERCHE

• Appt F1 quartier calme.

• Maison prox. Rennes, 3 ch, 457 € maximum, gge.

VENTES

• BEAULIEU – Dans un immeuble de 1988, appt F4 de 80 m² au 2e étage avec asc et compr : entrée, cuis, séjour-salon, 2 ch, sdb et wc. Cave, garage, 180 000 €.

• MONTJOLY – Au rdc appt F4 de 85 m² compr : entrée, cuis, séjour salon, 2 ch avec sdb. Cave et garage, 210 000 €. Jardin.

Les nombres ordinaux

1er/1re… premier/première
2e… deuxième, second/seconde
3e… troisième
4e… quatrième

Pour lire une annonce

appt : un appartement
pce : une pièce
sdb : une salle de bains
gge : un garage
rdc : rez-de-chaussée
prox : à proximité (proche de)

compr : comprenant
ch : une chambre
cuis : une cuisine
asc : un ascenseur
m² : mètres carrés

F1 : 1 pièce, **F2** : 2 pièces, **F3** : 3 pièces, **F4** : 4 pièces, etc.

1er étage : premier étage

De 500 à 1 million

500	cinq cents
501	cinq cent un
1 000	mille
1 200	mille deux cents
2 000	deux mille
10 000	dix mille
1 000 000	un million

VENDRE	POUVOIR
Présent	*Présent*
Je vends	Je peux
Tu vends	Tu peux
Il/Elle vend	Il/Elle peut
Nous vendons	Nous pouvons
Vous vendez	Vous pouvez
Ils/Elles vendent	Ils/elles peuvent

Vocabulaire

1 Les annonces.

a) Observez :

• Ds imm. 70, appt F1 de 31 m² env, au rdc, compr : entrée, cuis, ch, sdb, wc. cave et gge.

L'agent immobilier écrit à un client :

Madame,

Dans un immeuble de 1970, nous proposons au rez-de-chaussée, un appartement d'une pièce, de 31 mètres carrés, comprenant une entrée, une cuisine avec un coin repas, une chambre, une salle de bains, une cave et un garage.

b) Rédigez une des annonces de la page 28 sous forme de lettre.

Grammaire

2 Les articles définis.

Complétez avec des articles définis le, la, les :

Nous vendons une maison rue Delambre à Rennes. . . . salon fait 30 m², . . . cuisine 10 m². . . . chambres sont à . . . étage, avec . . . salle de bains.

3 Conjugaison : le pluriel des verbes.

a) Dans la lettre suivante, remplacez je **par** nous :

Monsieur

Je suis journaliste, j'habite à Rouen et je travaille à Paris deux ou trois jours par semaine. J'habite à l'hôtel, mais je cherche un appartement près de la rue Vasselot. Je voudrais un salon et une chambre. Je peux payer 381 euros par mois au maximum.

b) Complétez avec être, avoir, habiter **et** faire :

– Mattias et Litza ne . . . pas français ?

– Non, mais ils . . . à Rennes.

– Qu'est-ce qu'ils . . . ?

– Ils . . . étudiants.

– Ils . . . à l'hôtel ?

– Non, bien sûr ! Ils . . . une chambre chez des Rennais.

Phonétique

Les liaisons.

> **Attention !**
> La dernière consonne d'un mot est liée à la première voyelle du mot suivant.

1 🎧 Écoutez et répétez ces phrases.

Vous êtes à Rennes ?
Vous habitez à Paris.
Il est ingénieur ?
Il est étudiant.
Vous avez quel âge ?
C'est un Américain.
Vous avez des enfants ?
C'est un Allemand.
Vous avez un appartement ?

2 🎧 Écoutez et répétez.

> **Attention !**
> Le « e » ne s'entend pas à la fin des mots.

Elle travaille à Paris.
Elle cherche une maison.
Elle habite ici.
Philippe est jeune.
Elle envoie une carte.
Je cherche une adresse.
Elle paie par carte bleue.
Elle demande une carte postale.

Graphie

3 Écoutez et barrez les lettres que vous n'entendez pas.

Samedi, elle envoie une carte postale.
Tu paies par chèque ?
Tu demandes un abonnement ?
Je voudrais une bière et une menthe à l'eau.
Madame, je voudrais un passeport et une carte « Jeune ».

4 🎧 Dictée...

Écouter

5 🎧 M. et Mme Bertholet ont loué une maison de campagne. Mme Bertholet la décrit à une amie. Quelle est sa maison ?

❶

❷

❸

Parler

6 Décrivez cet appartement.

Lire

7 Mme Leroux cherche un appartement. Elle écrit à une agence.

L'employé de l'agence consulte ses fiches. Parmi ces cinq fiches, une correspond à la demande de Mme Leroux. Laquelle ?

Monsieur

Je cherche un appartement à Rennes, calme, avec deux chambres. Je préfère le 1er étage, ou le deuxième étage. J'aimerais également avoir un garage. Je peux dépenser trois cents, trois cent quatre-vingt euros par mois.

Vous pouvez m'appeler :
Madame Leroux au 02 28 64 11 12

①
F3   **45 m²**
6 km/Rennes
5e étage
2 ch, séjour, cuis, sdb, entrée, asc, gge
305 €/mois

②
F3   **50 m²**
Rennes
2e étage
2 ch, séjour, cuis, sdb, entrée, asc, gge
351 €/mois

③
F2   **48 m²**
Rennes
3e étage
1 ch, séjour, cuis, sdb, entrée
259 €/mois

④
F3   **60 m²**
Rennes
1er étage
2 ch, séjour, cuis, sdb, entrée, asc
534 €/mois

⑤
F3   **36 m²**
3 km/Rennes
rdc
2 ch, séjour, cuis, sdb, entrée, gge
244 €/mois

Écrire

8 Robert Petit cherche un appartement : F3, séjour (25/30 m²), 2 ch, entrée, cuis, sdb, wc, gge, prox Rennes. Prix : 335 €/381 € par mois.
Écrivez la description qu'il envoie à l'agence immobilière d'Antoine Martin.

🎧 Les deux enfants de M. et Mme Lemercier sont dans la rue.
Un homme demande la poste.

Nicolas Vasseur – Bonjour les enfants, je suis nouveau dans le quartier, je voudrais aller à la poste.

Enfant 1 – La poste ? c'est tout près d'ici…

Enfant 2 – Attendez, je vous explique. Vous prenez la première rue à droite. Vous passez devant un cinéma, le Bretagne. Vous continuez tout droit… 200 mètres environ. Vous passez devant un petit restaurant italien. Vous prenez la rue Vasselot, puis la deuxième rue à gauche et encore à droite. Vous arrivez sur une grande avenue, l'avenue Hoche, au restaurant La Marée. La poste est à 200 mètres… C'est un grand bâtiment, avec une porte verte. ∎

 **Entraînez-vous** •

1 « Je voudrais aller à... »

a) 🎧 **Écoutez et observez :**

– Je voudrais aller au musée de la Marine,
s'il vous plaît.
– Pour aller au musée de la Marine, vous prenez
la première rue à droite, puis la deuxième rue
à gauche.

> **L'article contracté**
> à + le → au
> à + l' → à l'
> à + la → à la
> à + les → aux

b) Vous demandez :
– la place Bellevue,
– le théâtre municipal,
– la pharmacie,
– la tour Émeraude,
– le restaurant La Marée.

2 Un grand bâtiment, un petit restaurant italien.

a) Observez :
– Je cherche un restaurant.
– Sur la petite place, à deux rues d'ici, vous avez
un petit restaurant italien.

> **Attention !**
> – « petit », « grand », « bon » sont placés
> avant le nom.
> C'est un bon restaurant.
> C'est un petit café.
> C'est un grand cinéma
>
> – les autres adjectifs (nationalité, couleur)
> sont placés après.
> C'est un chocolat belge.
> C'est une porte verte.

b) Placez l'adjectif dans la phrase :
– (bonne) J'ai une adresse pour toi.
– (petit/italien) Place Bellecourt, il y a un hôtel.
– (grandes/petite) Avec des chambres à 62 €,
sur une cour.
– (gratuit) On a un journal tous les matins.
– (grand/vert) C'est une porte.
– (petit/américain) C'est à côté d'un café.

3 Italien/Italienne.

a) 🎧 **Écoutez et observez :**
– Il est français ?
– Non, il est italien.
– Elle est française ?
– Non, elle est italienne.

b) Imitez ces phrases en remplaçant français
et italien **par** allemand **et** grec.

L'ACCORD DE L'ADJECTIF	
Masculin	**Féminin**
petit	petite
grand	grande
bon	bonne

> **Attention !**
> Au pluriel, on ajoute
> généralement un « s » :
> petit<u>s</u> petite<u>s</u>

LES NATIONALITÉS	
Masculin	**Féminin**
espagnol	espagnole
italien	italienne
grec	grecque
allemand	allemande
portugais	portugaise
suédois	suédoise
américain	américaine
allemand	allemande
belge	belge
anglais	anglaise

**c) Présentez ces personnes. Attention à
l'accord de l'adjectif.**
Exemple : **Clarisse (anglais)** → *Clarisse est anglaise.*

– Karl (allemand)
– Veronica (portugais)
– Sara et Sandra (suédois)
– Mary (américain)
– Henri (belge)

Les panneaux bleus sont des panneaux d'obligation.

Sens obligatoire.   Il faut ralentir.   Tournez à droite.

Les panneaux rouges sont des panneaux d'interdiction.

Il ne faut pas tourner à droite.   Défense de tourner à gauche.   Sens interdit.   Il ne faut pas dépasser 30 km/h.

Interdit aux vélos.   Interdit de stationner.   Arrêtez-vous (Stop).   Attendez le feu vert pour traverser.

Entraînez-vous

Vocabulaire

1 Les panneaux.

> **Attention !**
> Un pann**eau**   des pann**eaux**
> Un journ**al**   des journ**aux**
> Un nouv**eau** passeport.
> Une nouv**elle** carte d'identité.
> De nouv**eaux** papiers.
> Un b**eau** quartier, une b**elle** maison.

**a) Commentez ces panneaux.
Utilisez deux formules différentes.**

> **Attention !**
> Il faut tourner./Il ne faut pas tourner.
> Tournez./Ne tournez pas.
> Défense de tourner.

b) Placez sur ce plan les mots suivants : place, avenue, rue, quai, pharmacie, poste, gare.

Grammaire

2 Au, à la, à l', aux.

**Monsieur Chardin a prêté sa maison (un étage)
à des amis pendant son absence. Il leur laisse
des indications.
Complétez ces phrases :**

Bonjour !

– Il y a une chambre pour vous . . . rez-de-chaussée,
mais . . . étage, c'est plus calme.

– Il y a un bon restaurant . . . hôtel « Le Palace ».

– Pour aller . . . pharmacie, vous prenez
la deuxième rue à gauche.

– Vous trouvez des timbres et des cartes de
téléphone ... poste, ou ... bar-tabac, tout près d'ici.

3 L'accord de l'adjectif.

**a) Remplacez le nom de pays par l'adjectif qui
correspond.**
Exemple : **Je voudrais un timbre (Espagne).**
➜ *Un timbre espagnol.*

Je voudrais...
– une glace (Italie).
– une bière (Allemagne).
– un thé (Angleterre).
– un café (Grèce).
– un chocolat (Belgique).
– une carte postale (Brésil).
– un journal (Suède).

b) Mettez les mots de l'exercice a) au pluriel.
Exemple : **Je voudrais *des timbres espagnols*.**

Phonétique

Les sons /t/ comme dans gratuit et /d/ comme dans cadeau.

1 🎧 Écoutez et mettez une croix quand vous entendez le même son.

	a	b	c	d	e	f	g
DIFFÉRENT							
IDENTIQUE							

2 🎧 Mettez une croix quand vous entendez le son /d/ comme dans cadeau.

	a	b	c	d	e	f	g	h
/d/								

3 🎧 Écoutez et répétez.

/t/

Tournez.
Ralentissez.
C'est obligatoire.
Il y a la télévision à l'hôtel ?
Le catalogue est gratuit ?
Vous travaillez, vous êtes secrétaire ?

/d/

Dépassez.
C'est devant.
Je voudrais une réduction.
Madame, vous désirez ?
Il est médecin ? Non, dentiste.
Dany est suédois.

/t/ /d/

C'est interdit de tourner.
C'est tout droit, devant le théâtre.
C'est tout près de la tour.
La poste est à côté du tabac.
Je voudrais téléphoner.
La salle de bains est à droite de l'entrée.
C'est une étudiante italienne.

Graphie

4 Complétez par t ou th.

un . . . é.
le . . . éléphone
une é. . . udian. . . e
une men. . . e à l'eau
un chocola. . .
un . . . éâtre
le proprié. . . aire
un journalis. . . e
la . . . élévision
un . . . abac
un hô. . . el
une secré. . . aire

5 🎧 Dictée...

Écouter

6 🎧 Une amie vient voir les Lemercier à Rennes. Elle est à l'hôtel de Bretagne. On lui donne des indications par téléphone. Écoutez et indiquez où habitent les Lemercier sur le plan.

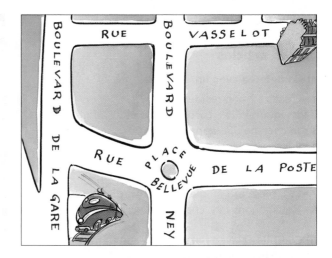

Parler

7 Madame Lemercier téléphone à Litza Ritsos, la nouvelle jeune fille au pair, pour lui indiquer où elle habite. Litza arrive par le train. Donnez l'itinéraire à sa place. Regardez le plan du quartier.

Lire

8 M. et Mme Combes ont une maison à la campagne. Ils donnent un itinéraire aux amis qui viennent les voir en voiture. Lisez les indications et dites comment s'appelle le village de leur maison de campagne.

Pour aller à notre maison de campagne, en sortant de Rennes, vous prenez la nationale 137 jusqu'à Hédé. À Hédé, vous arrivez à un carrefour. Il y a deux routes. Une qui va vers Dinan, l'autre vers Combourg. Vous prenez la direction de Combourg. Vous faites 7 km 500, environ. Vous prenez la route sur votre droite. Vous faites 5 km. Vous tombez sur une petite route. Le village est à 200 mètres sur la droite. Notre maison est en face de l'église sur la place. Voici notre numéro de téléphone, si vous ne trouvez pas : 02 45 87 10 93. À dimanche !

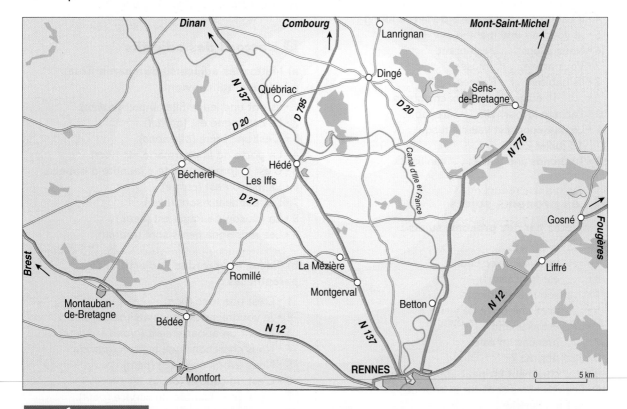

Écrire

9 Mme Lemercier écrit un petit mot à Litza Ritsos pour lui expliquer où se trouve sa maison. Litza arrive à la gare. Écrivez les indications à partir du plan de l'exercice **7**.

VOUS CONNAISSEZ...

1 Les articles

a) Complétez avec un/une/des :

1 • C'est . . . bon restaurant.
2 • Je voudrais . . . carte postale et . . . timbre.
3 • Je cherche . . . appartement ou . . . maison.
4 • Il y a . . . douche dans la chambre.
5 • C'est . . . immeuble de 1910.
6 • Il vend . . . journaux.
7 • . . . bière et . . . glace, s'il vous plaît.
8 • Nous louons . . . chambre dans . . . hôtel.

b) Complétez avec l'article qui convient
(le, la, l', les)/(un, une, des) :

1 • Tu as . . . adresse de Josiane ?
2 • Je cherche . . . boulevard Saint-Germain.
3 • Vous avez . . . date sur . . . chèque
4 • Il y a . . . télévision dans . . . chambre.
5 • . . . poste est près de . . . pharmacie
6 • . . . bâtiment vert, c'est . . . musée.
7 • Ici . . . stationnement est interdit.

c) Complétez avec à, au, à la, à l' :

1 • Vous habitez . . . hôtel ?
2 • Je vais . . . agence de la rue Pasteur.
3 • La salle de bains est . . . rez-de-chaussée.
4 • Il habite . . . numéro 15 de la rue Monge.
5 • Je voudrais une menthe . . . eau.
6 • Nous allons . . . restaurant.
7 • Vous arrivez . . . musée.
8 • Ils habitent . . . Rennes.
9 • . . . 1er étage, il y a deux chambres.
10 • J'achète le journal . . . café-tabac.
11 • Le passeport est valable jusqu' . . .
    13 juillet 2003.
12 • Tu prends une glace . . . vanille ?

2 Les pronoms sujets

Complétez par des pronoms sujets :

1 • . . . ai 30 ans.
2 • . . . travailles avec Paul ?
3 • . . . est française.
4 • . . . sommes étudiants.
5 • . . . avez une carte de visite ?
6 • . . . est allemand.
7 • . . . prenons un café.
8 • . . . désirez ?
9 • . . . cherchent un petit appartement.
10 • Les chambres sont sur la cour et . . .
    ont la télévision.
11 • L'appartement est au rez-de-chaussée,
    mais . . . est calme.

3 Les conjugaisons des verbes au présent

a) Écrivez les terminaisons de ces verbes en -er :

1 • Vous habit . . . dans la rue ?
2 • Ils achèt . . . des journaux.
3 • Tu travaill . . . à Paris ?
4 • Vous désir . . . un café ?
5 • Je cherch . . . la place de la poste.
6 • Nous demand . . . l'adresse de l'hôtel.
7 • Tu envoi . . . un chèque ou tu pai . . . avec
    ta carte ?
8 • Elle cherch . . . une chambre.

b) Écrivez les verbes entre parenthèses au présent :

1 • Nous (*être*) . . . étudiants.
2 • Vous (*aller*) . . . à Rennes.
3 • Ils (*avoir*) . . . 18 ans.
4 • Tu (*prendre*) . . . un sandwich ?
5 • J'(*attendre*) . . . une amie.
6 • Vous (*vendre*) . . . des timbres ?
7 • Ça (*faire*) . . . combien?
8 • Ils (*prendre*) . . . un appartement calme.
9 • Tu (*être*) . . . jeune fille au pair ?
10 • Qu'est-ce que vous (*dire*) . . . ?
11 • On (*aller*) . . . au restaurant.
12 • Elles (*avoir*) . . . la télévision ?

4 L'accord des adjectifs

**a) Mettez les adjectifs entre parenthèses
à la forme qui convient :**

1 • Ils ont une jeune fille au pair (*italien*).
2 • Le catalogue est (*gratuit*).
3 • C'est une bière (*allemand*).
4 • La porte de la pharmacie est (*vert*).
5 • C'est la (*premier*) carte d'identité d'Isabelle.
6 • La maison est (*calme*).
7 • Les panneaux sont (*bleu*).
8 • La maison de Paula est (*beau*).
9 • Les renseignements sont (*gratuit*).

**b) Placez et accordez l'adjectif entre
parenthèses :**

1 • C'est une idée (*bon*).
2 • Je voudrais des chocolats (*belge*).
3 • Ils ont un appartement (*grand – calme*).
4 • Nous cherchons une maison (*grand*).
5 • Nous avons un jardin (*petit*).
6 • C'est un cadeau (*beau*).
7 • Il y a une chambre de service (*petit*).
8 • Ils ont un propriétaire (*nouveau*).
9 • Vous traversez au feu (*vert*).
10 • Les chambres ont deux lits (*grand*).

VOUS SAVEZ...

1 Poser des questions

a) Posez toutes les questions possibles sur Cécile Lemercier puis répondez.

b) Posez toutes les questions possibles à Mattias Schluter puis répondez à sa place.

2 Vous présenter et présenter quelqu'un

a) Présentez-vous.
b) Présentez un ou une amie.

3 Demander un objet

Demandez les objets suivants :

4 Demander/indiquer un prix

a) Commandez au café et demandez le prix :

b) Demandez et indiquez le prix d'une chambre :

Chambres	avec douche	avec bain
1 lit	34 €	46 €
2 lits	53 €	65 €

5 Demander/indiquer une direction

Demandez puis indiquez la direction pour aller à la gare :

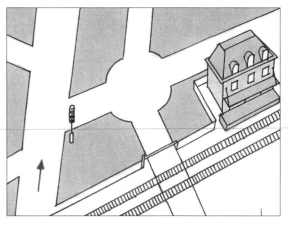

6 Décrire

a) Décrivez cette chambre d'hôtel :

b) Décrivez cette maison :

c) Décrivez cet appartement :

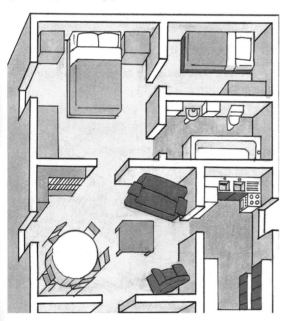

ÉCOUTER ET COMPRENDRE

1 Présenter

🎧 Identité

Notez les informations que vous entendez :

NOM : ....

ÂGE : ....

PROFESSION : ....

NATIONALITÉ : ....

PRÉNOM : ....

ADRESSE : ....

2 Rechercher un appartement

🎧 Dans une agence immobilière

Remplissez cette fiche d'agence. Mettez une croix devant la case correspondante.

AGENCE FRANCE-IMMO

Recherche :
❏ un appartement   ❏ une maison
- **Nombre de pièces :** ❏ 1   ❏ 2   ❏ 3   ❏ 4   ❏ 5
- **Préfère un immeuble :** ❏ moderne ❏ vieux

- CARACTÉRISTIQUES RECHERCHÉES :

❏ terrasse   ❏ jardin   ❏ garage   ❏ calme
❏ ascenseur   ❏ cave   ❏ grande cuisine
- **Proposition de l'agence :**
  (type d'appartement) . . .
  (situation) . . .
  (prix) . . .
- **Décision du client :** . . .

---

3 Indiquer un chemin

🎧 Dans la rue

Écoutez ces indications et dessinez sur le plan le chemin donné.

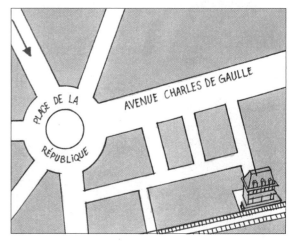

4 Demander/réserver une chambre

🎧 À l'hôtel

Écoutez ce dialogue puis cochez les bonnes réponses :

1 • La jeune fille cherche une chambre pour :
❏ elle
❏ une amie
❏ aujourd'hui
❏ demain
❏ la semaine prochaine.

2 • Elle veut une chambre :
❏ simple
❏ double
❏ sur la rue
❏ sur la cour
❏ sur le jardin
❏ avec une salle de bains
❏ sans salle de bains.

3 • Dans la chambre, il y a :
❏ la radio
❏ le téléphone
❏ la télévision.

4 • Le prix d'une chambre simple est de :
❏ 30 €   ❏ 37 €   ❏ 36 €   ❏ 39 €.

5 • Reste-t-il des chambres simples sans salle de bains ?
❏ oui   ❏ non.

6 • Combien de jours va rester la jeune fille ?
❏ un jour
❏ trois jours
❏ une semaine
❏ deux semaines.

7 • La jeune fille va payer :
❏ le prix normal   ❏ un prix réduit.

5 Commander au café

🎧 Au café

Écoutez ces deux commandes puis cochez les bonnes réponses.

a) Enregistrement 1 :

1 • Qu'est-ce que prennent les clients ?
❏ un café
❏ un Coca
❏ une bière brune
❏ une bière blonde pression.

2 • Combien coûte un Coca ?
❏ 3 €   ❏ 4 €   ❏ 5 €.

3 • Et une bière pression et un Coca ?
❏ 5 €   ❏ 6 €   ❏ 7 €   ❏ 8 €.

b) Enregistrement 2 :

1 • ❏ La cliente connaît bien ce café.
❏ Elle ne connaît pas ce café.

2 • Elle commande :
❏ un café
❏ un jus d'orange
❏ un jus de pomme.

3 • Aujourd'hui, dans ce café, on peut boire :
❏ du jus d'ananas
❏ du jus d'orange
❏ du jus de pomme.

4 • La cliente commande :
❏ un café
❏ un thé-citron
❏ un jus de fruit
❏ un thé au lait
❏ un chocolat
❏ un verre de lait.

PARLER

1 Présenter

Vous rencontrez une autre personne que votre ami ne connaît pas. Vous les présentez l'un à l'autre.

2 Commander

Vous commandez des consommations. Vous demandez l'addition. Imaginez le dialogue avec le serveur.

3 Réserver

Vous allez dans un hôtel. Vous demandez une chambre. Vous précisez les caractéristiques de la chambre. L'hôtelier vous pose des questions. Vous répondez.

4 Rechercher un appartement

Vous allez dans une agence. Vous décrivez l'appartement que vous cherchez.
L'agent immobilier vous pose des questions. Vous répondez.

5 Indiquer une direction

● **Vous cherchez la poste. Vous demandez la direction à un passant.**
● **Un passant vous demande le musée. Vous lui indiquez la direction.**

Bilan 1

ÉCRIRE

1 Présenter

À partir des éléments suivants, écrivez un bref article de magazine pour présenter ce personnage et pour annoncer ses projets.

Nom, prénom : Michel Jonasz
Date de naissance : 21/01/1947
Lieu de naissance : Drancy
Profession : Chanteur (et parfois comédien)
Famille :
– Deux enfants : Florian et Hannah
– Famille d'artistes, d'origine hongroise
Études :
– Arrêt de l'école à 15 ans
– Début de cours de théâtre
Disques :
– 1967 : premier disque enregistré sous le nom de King Set
– Commence à chanter en solo
– 1974 : premier album avec *Dites-moi* et *Super Nana* (chansons à grand succès)
– 1985 : *La Boîte de jazz* (chanson peut-être la plus connue de Jonasz)
– Au total, 13 albums en 32 ans
– Dernier album : *Pôle Ouest* sorti en avril 2000
Prochain spectacle : à l'Olympia (Paris) du mardi 3 au dimanche 22 octobre.

2 Écrire un message pour...

Écrivez pour chacune des situations suivantes un message court, mais précis et clair.

a) proposer une sortie

Votre ami(e) adore Michel Jonasz. Vous lui annoncez le passage de son chanteur préféré à l'Olympia en octobre prochain. Vous lui proposez d'acheter des places. Devez-vous lui acheter une place ou plusieurs ? Vous préférez sortir un samedi soir, et lui/elle ? Demandez-lui de vous donner ces informations par courrier électronique et de fixer l'heure et le lieu de rendez-vous.

b) indiquer un itinéraire

Des amis viennent vous voir le week-end prochain. Indiquez-leur le chemin le plus simplement possible pour aller chez vous.

> Autoroute A 11...
> À 20 km, sortir.
> Prendre route nationale 20.
> Continuer tout droit jusqu'à Manchamp,
> (2e sortie après Arpajon).
> Traverser Manchamp, passer devant église puis tourner à droite vers Saint-Sulpice de Favière.
> Notre maison : à gauche sur place, n°6 (3e maison après poste)
> Si problème, tél : 01 64 53 98 72.

c) demander des informations sur un appartement

Vous cherchez une maison à louer pour les vacances. Vous avez trouvé cette petite annonce dans le journal.

> **BIARRITZ**, centre-ville, deux pièces, terrasse, libre du 15 juillet au 15 août. Prix intéressant. Écrire au journal, annonce n° 37665/Mme Legentil.

Vous écrivez pour demander le prix, charges comprises ou non, l'étage, la surface de la terrasse, la possibilité de visiter l'appartement pendant un week-end de juin.

3 Décrire un appartement

Vous venez de prendre un 2 pièces,
dans le centre de Rennes
(place Sainte-Anne, 3e étage, 75 m^2,
381 €/mois, charges comprises).
Vous écrivez à vos parents
pour leur expliquer comment il est.
Aidez-vous du plan.

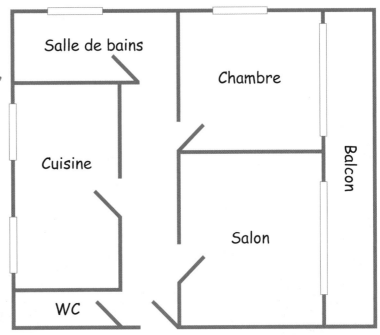

Salle de bains

Chambre

Balcon

Cuisine

Salon

WC

4 Acheter par correspondance

Vous commandez un bureau à «Maison Plus».
Vous désirez recevoir le catalogue «Maison Plus» hiver avec le livre
des jeux Olympiques de Sydney en cadeau.

a) Vous rédigez votre
commande sur Internet
(www.maisonplus.fr).

107 € HT

~~137 € HT~~
réf. : 32 0005

b) Vous envoyez un chèque.
Vous le remplissez.

Crédit Mutuel
CAISSE DE CRÉDIT MUTUEL DE VERSAILLES

Payez contre ce chèque
non endossable sauf au profit d'une banque ou d'un établissement assimilé.

Somme en toutes lettres

à

payable en France   03/12/99

VERSAILLES CEDEX
95 RUE D'ANGERS
TEL: 08 10 59 20 81

Compensable à   VERSAILLES

CHÈQUE N°

BPF

A

LE

566 578224589C
MONSIEUR OU MADAME
CHARRIER L / M
48, PLACE DU GAL DE GAULLE
78000 VERSAILLES

<80>

- 0000615 -078018540980- 741342953812-

🎧 Chez Brigitte et Philippe Combes, un samedi matin.

Brigitte – Tiens, j'ai envie d'aller au cinéma.

Philippe – Bonne idée ! Mais pas à 2 heures, j'ai mon cours de tennis.

Brigitte – Et moi, à 16 heures, j'ai ma leçon de piano.

Philippe – Alors, on va à la séance de 6 heures.

Brigitte – D'accord, qu'est-ce qu'il y a dans le quartier ?

Philippe – Regarde dans ton journal.

Brigitte – Alors, à 18 heures, au Bretagne, il y a *Crime à Paris*. Ça te convient ?

Philippe – Ah non, pas un film policier ! J'ai horreur de ça !

Brigitte – Bon, alors au Bienvenue, à 18 h 30, il y a *Meurtre à Manhattan*.

Philippe – Oui, c'est une comédie, je crois. D'accord pour *Meurtre à Manhattan* !

Brigitte – Euh… oui… mais justement, c'est une comédie policière ! ■

Entraînez-vous

1 « **Mon cours de tennis, ma leçon de piano.** »

a) 🎧 **Écoutez et observez :**
– Tu as **ton** passeport ?
– **Mon** passeport ? Ah oui, il est dans la chambre.

b) Remplacez passeport **par** papiers d'identité, carte bleue, permis de conduire **et** journal.

c) Remplacez tu **par** il.

> **Attention !**
> **mon** + nom féminin singulier
> commençant par une voyelle
> *Exemple :* mon adresse.

LES POSSESSIFS SINGULIERS		
	SINGULIER	PLURIEL
1re personne (je)	Masculin Féminin **mon** **ma**	**mes**
2e personne (tu)	Masculin Féminin **ton** **ta**	**tes**
3e personne (il, elle)	Masculin Féminin **son** **sa**	**ses**

2 L'heure.

a) 🎧 Écoutez et observez :

 Il est huit heures.

 Il est neuf heures et demie.

 Il est huit heures et quart.

 Il est dix heures moins le quart.

 Il est huit heures vingt-cinq.

 Il est onze heures moins cinq.

b) Quelle heure est-il ?

 ... ...

3 Proposer/Accepter/Refuser.

a) 🎧 Écoutez et observez :
– On va au cinéma ce soir.
– Au cinéma ? Ah, non, j'ai mon cours, désolée.
– D'accord.

Aller **au** cinéma, **au** théâtre, **au** restaurant.
Aller **à la** piscine, **à la** plage.
Aller **à l'**opéra.
Aller **aux** Galeries Lafayette.

Faire **une** promenade.

Attention !
Nous = On
Nous allons = On va *(singulier).*

POUR ACCEPTER	POUR REFUSER
On dit : **D'accord.**	*On dit :* **Pas question.**
Je suis d'accord.	*(refus catégorique)*
Bonne idée.	**Je ne suis pas d'accord.**
POUR S'EXCUSER	
On dit : **Désolé(e).**	
Je suis désolé(e).	
Je ne peux pas.	
Ce n'est pas possible.	
Excusez-moi.	

b) Voici l'agenda de Mme Combes :

Mardi **6** mars
9h — Cours de tennis
11h — Cours de français
12h — Restaurant/Mme Leguen
16h — Cours de piano
20h — Rendez-vous théâtre/Michel

Mme Combes accepte ou refuse ?
Qu'est-ce qu'elle répond ?
– On va au cinéma à 8 heures mardi soir ?
– À 8 heures, ...
– Et à 6 heures ?
– À 6 heures, ... !

– À midi, tu as envie d'aller à la piscine ?
– Ah non, ...

– Il est deux heures et demie. On fait une promenade ?
– ... ! J'arrive.

c) Imitez ce dialogue. Remplacez aller au cinéma **par d'autres activités. Acceptez ou refusez.**

1

Nathalie et Frédéric Duroy ont le plaisir
de vous inviter à un cocktail
pour le mariage de leur fille Agnès,

le 13 juin à 15 heures dans le jardin du théâtre.

A

Chers amis, nous acceptons avec joie
votre invitation au cocktail donné
pour le mariage d'Agnès.

Toutes nos félicitations
Amicalement.
Martine et Serge Lebrun.

2

J'ai **20 ans** le 28 février.

Je vous attends chez moi
le samedi 28 à partir de 21 heures.
Olivier

B

Cher Olivier,
Je ne peux pas être avec toi le 28 février :
j'ai un examen de français le 2 mars et
je travaille. Passe une bonne soirée.
Je te téléphone. À bientôt, je t'embrasse.

Marie

C

Olivier, Désolée, le 28
je suis au Portugal.
Je ne peux pas venir à ta fête.
Bon anniversaire.

Bises.   Virginie.

3

Alice, Catherine et Philippe
sont heureux de vous annoncer
la naissance de Julien,
le 20 mai 1998.

D

– JE VOUS FÉLICITE ET JE PASSE
BIENTÔT VOIR JULIEN.

JE VOUS EMBRASSE.

SOPHIE.

Entraînez-vous

1 Cartons/réponses.

Lisez ces trois cartons d'invitation et ces quatre réponses.

Classez les réponses :

	A	B	C	D
On accepte				
On refuse				

2 Les formules.

a) Relevez dans les cartons les formules utilisées pour inviter.

b) Relevez dans les réponses les formules d'acceptation.

c) Relevez les formules de refus.

Vocabulaire

3 Accepter/Refuser.

Complétez ces phrases avec les expressions suivantes : j'accepte, avec plaisir, avec joie, (je suis) désolée, j'ai le plaisir.

● Odile, . . ., je ne vais pas au théâtre avec toi ; je vais au cinéma. Bises. *Mireille*

● Cher Laurent, . . . avec plaisir ton invitation pour samedi. Merci. *Pierre*

● Hélène, je ne peux pas aller à la piscine mercredi matin, ... Je vais à ma leçon de piano. À bientôt. *Louise*

● Chers amis, nous acceptons . . . votre invitation pour le week-end du 14 juillet. Merci et à bientôt. *Cécile et Jean-Louis*

● Chère Laura, . . . de t'annoncer mon mariage avec Lucas. Téléphone-moi bientôt. Je t'embrasse. *Valentine*

● Madame Dubois, nous acceptons . . . votre invitation pour le cocktail et nous vous remercions. Cordialement. *M. et Mme Martin*

Grammaire

4 Les nombres.

Quel âge ont-ils?
Écrivez des phrases sur le modèle donné.
Exemple : **M. Jerez (52 ans)**
➜ *M. Jerez a cinquante-deux ans.*

Valérie (18 ans) ➜ . . .
Mme Miot (72 ans) ➜ . . .
M. Dupuis (63 ans) ➜ . . .
Sophie (26 ans) ➜ . . .
Joseph (44 ans) ➜ . . .

5 Les heures.

Faites des phrases sur le modèle donné.
Exemple : **18 h 15 rendez-vous/Luc.**
➜ *J'ai rendez-vous avec Luc à dix-huit heures quinze.*

21 h 30/cinéma/Valérie ➜ . . .
19 h 45/cocktail/Sophie ➜ . . .
12 h/restaurant/M. Dupuis ➜ . . .
10 h 50/téléphone/Mme Miot ➜ . . .
16 h 20/ rendez-vous/Joseph ➜ . . .

6 Notre, votre, leur ...

	LES POSSESSIFS PLURIELS			
	SINGULIER		PLURIEL	
	Masc.	Fém.	Masc.	Fém.
1re personne (nous)	notre		nos	
2e personne (vous)	votre		vos	
3e personne (ils, elles)	leur		leurs	

a) Lisez ce petit texte :
Pierre Leroy est heureux : sa maison est grande, son jardin est petit mais calme, ses enfants travaillent bien. Son fils est médecin, sa fille pharmacienne et c'est bientôt son anniversaire de mariage.

b) Réécrivez ce texte. Remplacez Pierre Leroy par M. et Mme Leroy :
. . .

c) Réécrivez ce texte. Remplacez Pierre Leroy par nous :
. . .

VENIR
Présent
Je viens
Tu viens
Il/Elle vient
Nous venons
Vous venez
Ils/Elles viennent

Attention !
ALLER/VENIR
Je vais chez toi.
Tu viens chez moi.

7 Au, à la, à l', aux (rappel).

Faites des phrases en associant les éléments donnés.
Exemple : **Je vais** *au* **cinéma.**

Je vais

au	opéra.
	piscine.
	théâtre.
à la	musée Picasso.
	café.
à l'	maison.
	Magasins Unis.
aux	restaurant.
	Grand Rex.

COMPÉTENCES

Phonétique

Les sons /ã/ comme dans **en**vie et /õ/ comme dans leç**on**.

1 🎧 Écoutez et mettez une croix quand vous entendez le même son.

	a	b	c	d	e	f
DIFFÉRENT						
IDENTIQUE						

2 🎧 Mettez une croix quand vous entendez le son /ã/ comme dans id**en**tité.

	a	b	c	d	e	f
/ã/						

3 🎧 Écoutez et répétez :

/ã/

trente
quarante
cinquante
soixante
cent cinquante
Il a cent cinquante ans.
Il est anglais, elle est allemande.
Tu prends une menthe à l'eau ?
Tu envoies un chèque bancaire.

/õ/

mon cours
ma leçon
une annonce
C'est bon.
Bon, on va à la maison ?
Bonjour Marion !
Garçon, l'addition !
C'est une invitation.
C'est à quel nom ? Yvon Rondeau.

Graphie

/õ/ s'écrit

on (comme dans *invitation, leçon*)

om devant **p** et **b** (comme dans *tomber, compter*)

/ã/ s'écrit

en (comme dans *trente*) ou **em** devant **p** et **b** (comme dans *embrasser, emporter*)

an (comme dans *manger*) ou **am** devant **p** et **b** (comme dans *chambre, camping*)

4 Complétez ces mots par en, em, an ou am.

Il a tr . . . te . . . s. Il a deux . . . f . . . ts.
Sa ch . . . bre est gr . . . de.
J'ai r . . . dez-vous à midi quar . . . te.
Je t' . . . brasse, amicalem . . . t.

5 🎧 Dictée...

Écouter

6 🎧 Écoutez ces mini-dialogues et remplissez la grille.

	Dialogue 1	Dialogue 2	Dialogue 3	Dialogue 4
PROPOSITION				
ACCEPTATION				
REFUS				
MOTIF				

Parler

7 Préparez le dialogue. Nicolas Vasseur téléphone à Litza pour l'inviter au cinéma. Il lui demande ce qu'elle aime. Il lui propose une heure. Elle accepte.

Lire

8 Mettez en relation ces invitations et ces réponses.

Je vais au tennis dimanche matin. Vous venez ? **A**

Bravo, Marie-No, Je vais à ton expo avec mon petit ami. Bises **B**

Je ne peux pas aller au théâtre vendredi. Je regrette, mais je suis libre samedi soir. Pas toi? **C**

Ma Chérie, Voudrais-tu aller déjeuner demain midi au Fouquet's ? **D**

Désolés, on n'est pas libres dimanche, on va à la piscine. **E**

samedi, bonne idée. Je passe te chercher ! **F**

Marie-Noëlle Martin vous invite à un cocktail pour son exposition de peintures le 28 juin à 18h30. **G**

Je t'adore et je te retrouve devant le restaurant. Je t'embrasse. **H**

Écrire

9 Écrivez un mot d'acceptation ou de refus pour ces invitations.

Monsieur Lemercier invite Nicolas Vasseur.

Voudriez-vous aller au restaurant avec ma femme et moi vendredi soir ? Paul Lemercier

Ahmed Charfaoui laisse un petit mot à Pierre Chardin.

Je vais boire une bière ce soir au café en bas de la rue. si tu es libre, viens avec moi. Écris-moi un petit mot. Ahmed

Unité 6

🎧 Robert Petit entre dans l'agence de voyages d'Antoine Martin.

M. Petit – Je voudrais aller en Belgique, à Bruxelles.

M. Martin – En avion, en train ?

M. Petit – En train.

M. Martin – Aller-retour, je suppose ?

M. Petit – Oui, et en seconde classe.

M. Martin – Pour quelle date ?

M. Petit – Je ne sais pas…
Il y a des trains le matin ?

M. Martin – Bien sûr ! Vous avez
un train à 13 heures pour Paris.
Vous avez une correspondance
avec le train de Bruxelles.
Il arrive à Bruxelles à 19 heures.
Si vous prenez le billet
plus de trente jours à l'avance,
vous avez des tarifs intéressants,
36 euros au lieu de 72 euros.

M. Petit – Vous réservez aussi les hôtels ?

M. Martin – Oui, mais alors vous avez intérêt à prendre un forfait « train + hôtel ».
C'est 99 euros pour un voyage aller-retour avec une nuit dans un hôtel deux étoiles.
Qu'est-ce que vous choisissez ?

M. Petit – Je ne sais pas….

M. Martin – Vous êtes sûr que vous avez envie de partir ?

M. Petit – Justement, je ne sais pas… ■

Entraînez-vous

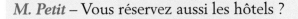

1 Billets de train.

a) 🎧 Écoutez et répétez :
– Je voudrais aller à Bruxelles.
– Aller-retour, je suppose ?
– Oui.
– Pour quelle date ?
– Pour le 10 novembre.

Le train	
une place	un enfant
une réservation	un adulte
première classe/seconde classe	un couloir
fumeur/non-fumeur	une fenêtre
plein tarif/tarif réduit	départ (aujourd'hui/demain/
un aller simple/un aller-retour	un autre jour)

b) Observez ce billet. Imaginez le dialogue pour l'acheter.

SNCF **BILLET**
Valable 24 heures maximum après compostage

PARIS MONT 1 ET 2 → ST JEAN DE LUZ CI
OLIVIER/XX
01ADULTE

Dép 17/10 à 10H05 de PARIS MONT 1 ET 2 | Classe 2 VOIT 19: PLACE NO 37
Arr à 15H08 à ST JEAN DE LUZ CI | 01ASSIS NON FUM
A UTILISER DANS LE TRAIN 8515 TGV | SALLE 01COULOIR
J30/REMB PARTIEL J-4/PAS ECHANGE

Dép à de *** Classe *
Arr à à

Prix par voyageur : 210.00 | Prix FRF **210.00

KM0803 : | :DV 244466025 C NAT ENV DOM PE
210 : • | :TS025285015 240998 09H45 8260 4729
BN NIV.1 872444660254 | :6AEF54 Dossier QGRPLQ Page 1/1
08700024826060

2 « Si vous les prenez... »

a) 🎧 Écoutez et répétez :

– Tu prends **le train** à quelle heure ?
– Je **le** prends à ...

– Tu prends **la carte** « **Jeune** » ?
– Oui, aujourd'hui je **la** prends.

– Tu achètes **le billet** tarif réduit ?
– Oui, je **l'**achète.

– Tu prends **les réservations** ?
– Oui, je **les** prends.

LES PRONOMS COMPLÉMENTS		
	SINGULIER	PLURIEL
Masculin Féminin	le ⎫ la ⎭ l'*	**les**
	* devant une voyelle ou un *h*.	

b) Complétez ces réponses. Utilisez les pronoms le, la, l', les.
Exemple : – **Vous achetez vos places à l'avance ?**
　　　　　　 – Non, je *les* achète le jour du départ.

– Vous payez votre billet aujourd'hui ?

– Non, . . . mercredi.

– Vous réservez vos places en seconde classe ?

– Non, . . . en première.

– Vous avez la carte « Jeune » ?

– Oui, . . . , la voilà.

– Vous payez la nuit d'hôtel par chèque ?

– Non, . . . par carte bleue.

3 En Belgique.

a) 🎧 Écoutez et répétez :
– Où voulez-vous partir ?
– Je voudrais aller en Belgique, j'aime bien la Belgique.

– Vous aimez le Portugal ?
– Oui. Justement, je prends le train pour aller au Portugal lundi matin.

– Tu aimes les Pays-Bas ?
– Oui, je vais aux Pays-Bas dimanche.

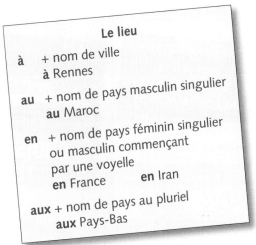

Le lieu

à + nom de ville
à Rennes

au + nom de pays masculin singulier
au Maroc

en + nom de pays féminin singulier
ou masculin commençant
par une voyelle
en France　　**en** Iran

aux + nom de pays au pluriel
aux Pays-Bas

b) Dites où vous voulez aller.
Exemple : **La France** → *Je voudrais aller en France.*

L'Italie (f)　　L'Équateur (m)　　Le Danemark
La Grèce　　L'Uruguay (m)　　L'Espagne (f)
L'Allemagne (f)　　Les États-Unis　　Les Philippines
Le Canada　　Le Royaume-Uni

PROMOTIONS

A

VISITEZ LE VIÊT-NAM

Vous ne connaissez pas le Viêt-nam ?

Alors vous pouvez partir une semaine à Ho Chi Minh Ville pour **UN TARIF EXCEPTIONNEL !**

Avec Directravel, vous passez dix jours à l'hôtel Ambassador *** pour *1 616 €*, avec le prix du billet d'avion. Mais il faut partir avant le 30 mai.

Départ tous les samedis de Paris

(Tél. : 08 01 25 25 25 Directravel.)

Train + auto

AVIS et la SNCF vous proposent la rapidité et le confort du train et de la voiture de location ! Si vous voyagez avec un tarif réduit, sur Eurostar, sur Thalys, vous avez des tarifs plus intéressants.

Téléphonez à votre agence Avis 01 46 10 40 40 ou à la SNCF 08 36 34 34 34.

Réservez votre voiture Avis quand vous achetez votre billet dans les gares SNCF.

D

PRINTEMPS À MADÈRE

À Madère, au printemps, c'est la Fête des Fleurs.

L'agence Dumbo propose des séjours à des prix très intéressants :

Forfait 7 nuits d'hôtel, voiture de location, billet d'avion pour 597 euros.

Réduction de 15 % si vous partez le 25 avril. Téléphonez vite à votre agence Dumbo !

B

CHOISISSEZ LE TRAIN !

Vous avez moins de 25 ans, la SNCF vous propose ses tarifs à tout petits prix ! Avec la carte 15-25, vous avez jusqu'à 50 % de réduction.

Voici quelques exemples pour vous donner envie de partir :

PARIS-MONTPELLIER : 24 € au lieu de 42 €
BORDEAUX-MARSEILLE : 26 € au lieu de 38 €
LILLE-LYON : 21 € au lieu de 31 €

Et puis, un voyage en TGV, ce n'est pas long !

C

Entraînez-vous

1 Quels documents proposent... des forfaits train-voiture ? des forfaits-séjours ? des voyages en train ?

PARTIR	CONNAÎTRE	CHOISIR
Présent	*Présent*	*Présent*
Je pars	Je connais	Je choisis
Tu pars	Tu connais	Tu choisis
Il/Elle part	Il/Elle connaît	Il/Elle choisit
Nous partons	Nous connaissons	Nous choisissons
Vous partez	Vous connaissez	Vous choisissez
Ils/Elles partent	Ils/Elles connaissent	Ils/Elles choisissent

Attention !
Le verbe « choisir » se conjugue comme le verbe « finir » et d'autres verbes avec un infinitif en « ir ».
Au pluriel, ils se terminent toujours par « issons », « issez », « issent ».
Exemple : ils finissent, ils grandissent...

Vocabulaire

2 À la gare.

Complétez ce dialogue par les mots suivants :
billet, seconde, non-fumeur, aller simple, aller-retour, plein tarif, réduction, adulte, enfant, place, réservation, T.G.V.

– Bonjour, je voudrais faire une . . . de billets.

– Bien madame, où et à quelle date voulez-vous partir ?

– Je voudrais un . . . Lyon-Marseille pour le 13 juin.

– Un billet ?

– Non, deux. Je voyage avec mon fils. Il a 10 ans. Il y a des . . . pour les . . . ?

– Oui, bien sûr. Les enfants paient 50 % jusqu'à 12 ans. Après, ils paient . . . . Vous désirez des allers simples ou des . . . ?

– Je ne sais pas pour le retour. Donnez-moi deux . . .

– Le 13 juin, il y a un train à 10 heures. Il arrive à Marseille à 14 heures.

– Je n'aime pas les voyages longs. À quelle heure est le . . . ?

– À 12 h 50.

– Très bien. Ah, je ne fume pas !

– D'accord. Vous voulez deux . . . , . . . dans le T.G.V. Lyon-Marseille du 13 juin à 12 h 50. Vous voulez voyager en première ou en . . . ?

– En seconde. Ça fait combien ?

– Deux . . . , un enfant et un . . . , ça fait 65 euros.

3 Définitions.

Complétez ces phrases :

● 30 %, c'est une . . . intéressante.

● Pour faire Paris-Lille-Paris en train, achetez un billet . . .

● Dans les avions, en France, il ne faut pas fumer ; toutes les places sont . . .

● À 11 ans, les enfants paient . . . dans les trains.

Grammaire

4 Le, la, l', les.

Associez questions et réponses :

1 • Tu achètes le journal ?
2 • Vous achetez vos billets demain ?
3 • Vous prenez ma voiture ?
4 • Tu prends l'avion lundi ?
5 • Vous prenez vos passeports ?
6 • Tu as ta carte « Jeune » ?
7 • Tu as les heures des trains ?

a • Oui, je la prends.
b • Oui, je les prends.
c • Non, je les achète aujourd'hui.
d • Oui, je les ai.
e • Oui, je l'achète le matin.
f • Non, je le prends mercredi.
g • Oui, je l'ai.

5 Au, à la, à l', aux, à, en.

a) Complétez ce texte par à, au, en **ou** aux :

Cet été, Marco va . . . Espagne et . . . Portugal. Véronique part . . . États-Unis et . . . Canada. Mon frère voyage . . . Suède, . . . Danemark et . . . Norvège. Eh bien moi, je passe l'été . . . France, . . . Paris, chez moi !

b) Complétez ces phrases par à la, au, à **ou** à l' :

– Vous allez . . . café ? Moi, je vais . . . piscine.

– Mes amis ont une chambre . . . hôtel du Lion d'Or. Ils vont . . . restaurant de l'hôtel.

– Est-ce que tu passes . . . poste pour aller . . . théâtre ? Tu peux prendre ma lettre ?

– Je voudrais aller . . . pharmacie.

– Continuez jusqu' . . . musée, et puis tournez . . . gauche.

Phonétique

Les sons /i/ comme dans tarif, /y/ comme dans sûr et /u/ comme dans séjour.

1 🎧 Écoutez et mettez une croix quand vous entendez le même son.

	a	b	c	d	e	f	g	h	i
DIFFÉRENT									
IDENTIQUE									

2 🎧 Écoutez et mettez une croix quand vous entendez le son /u/ comme dans séjour.

	a	b	c	d	e	f	g	h	i
/u/									

3 🎧 Écoutez et répétez.

/y/

C'est dur.
Tu es sûr.
C'est sur le mur.
Tu as du sucre ?

/u/

C'est lourd.
Tu es sourd.
Le retour.
Mon amour.

/i/

C'est qui ?
Il est ici.
Il choisit.
Mon chéri.

/u/ /i/

Tu prends le billet ?
Tu choisis Nice.
Il est sûr de partir.

/u/ /y/

Tu as un aller-retour ?
Bonjour, Jules. Comment allez-vous ?
Tu as le journal d'aujourd'hui ?

/i/ /u/ /y/

Vous allez à Mulhouse ou à Nancy ?
Le dimanche, je lis le journal sportif.
Nous louons une maison à Lille.

Graphie

4 🎧 Dictée...

Écouter

5 🎧 Écoutez ce message téléphonique puis entourez les informations justes.

a) Qui part à Rome ?
☐ Lucie
☐ Jeanne
☐ Sophie.

b) Comment part-elle ?
☐ en avion
☐ en train
☐ en bus.

c) Quand part-elle ?
☐ le mardi 2 septembre
☐ le samedi 2 septembre
☐ le samedi 12 septembre
☐ le mardi 12 décembre.

d) Elle part d'Orly-Ouest à :
☐ 9 h 33
☐ 9 h 53
☐ 11 h 53
☐ 11 h 43.

e) Elle paie :
☐ le tarif normal
☐ le tarif « Jeune »
☐ le tarif week-end.

f) Elle doit payer :
☐ 47 euros
☐ 206 euros
☐ 25 % du tarif normal.

g) Elle a :
☐ un billet aller-retour
☐ un aller simple
☐ une place en première.

h) Elle va prendre le billet :
☐ à la gare
☐ à l'agence Air France
☐ au guichet Air France.

i) ☐ Elle a son billet quand elle paie.
☐ Elle paie et, une heure après, elle a son billet.
☐ Elle paie ; elle a son billet quand elle donne sa carte d'identité.

Parler

6 Philippe Combes doit partir en vacances au Viêt-nam.
Il va dans une agence de voyages pour avoir des renseignements sur les dates,
les séjours, les prix. Il n'achète pas le voyage proposé (p. 52).

Lire

7 Observez cette publicité puis mettez une croix devant la bonne réponse (parfois plusieurs réponses sont possibles).

a) Ce document est une publicité :
☐ pour les voyages en train
☐ pour les voyages en avion
☐ pour une agence de voyages.

b) Ce document propose :
☐ un aller simple à Paris
☐ un week-end à Paris
☐ un week-end à Londres
☐ un aller-retour à Londres.

c) Pour faire le voyage, on peut prendre :
☐ le train
☐ la voiture
☐ l'avion
☐ le bus.

d) Dans le forfait de 75 euros, il y a :
☐ le déjeuner
☐ le petit déjeuner
☐ le dîner

☐ le voyage aller-retour en train
☐ une nuit d'hôtel
☐ le voyage à l'aéroport
☐ le voyage aller-retour en avion

e) Pour rester deux nuits, ça fait :
☐ 75 €
☐ 75 € + 27 € = 102 €
☐ 136 €

f) On peut avoir une réduction de 10 % quand :
☐ on part avec une personne
☐ on est étudiant
☐ on voyage avec dix personnes.

g) 136 euros, c'est le prix :
☐ d'un voyage aller-retour Paris-Londres en avion
☐ d'un week-end à Londres avec le voyage en train
☐ du forfait week-end à Londres avec l'aller-retour en avion.

PARTEZ POUR LONDRES,

ET DÉCOUVREZ
UNE GRANDE VILLE DE LA MODE,
DE LA MUSIQUE ET DES ARTS !

VENEZ FAIRE LA FÊTE
CAR C'EST TOUTE L'ANNÉE
LA FÊTE À LONDRES.

WEEK-END À LONDRES
pour 75 €

LE FORFAIT COMPREND :
■ le transport Paris/Londres aller-retour en train ;
■ une nuit d'hôtel dans le centre ville ;
■ le petit déjeuner.

Possibilité de faire un séjour plus long
(*à partir de 27 € par nuit supplémentaire*).

Pour les groupes de plus de **10 personnes**,
réduction de **10 %** sur les tarifs.

Pour un voyage en avion, le week-end fait 136 €
au départ de l'aéroport de Paris.

Renseignements et réservations :
Eurovoyages **01 44 82 84 76**

Écrire

8 Joseph Cellier a une amie, Martine, à Montpellier. Il veut aller la voir.
Il écrit à Martine pour avoir des informations sur les horaires.

Unité 7

🎧 **Dans un grand magasin.**
M. Dubois parle à une vendeuse.

M. Dubois – Bonjour madame,
je voudrais une cravate.

Vendeuse 1 – Bien sûr, monsieur.
Pour mettre avec ce costume ?

M. Dubois – Oui, mais je ne voudrais
pas dépasser 30 euros.

Vendeuse 1 – À 30 euros,
j'ai ce modèle bleu et noir.

M. Dubois – Et cette cravate,
elle fait combien ?

Vendeuse 1 – Elle est plus chère.
Elle fait 38 euros mais elle est belle.

M. Dubois – Bon, je la prends
quand même.

🎧 **Mme Leroux parle à une autre vendeuse.**

Vendeuse 2   – Ce pull vous va très bien.

Mme Leroux – Ah ? Moi je ne trouve pas.

Vendeuse 2   – Si, si, c'est votre taille et il est exactement de la couleur de vos yeux.

Mme Leroux – Vous avez un modèle moins cher ?

Vendeuse 2   – Oui, ce modèle. Mais vraiment la couleur vous va moins bien.

Mme Leroux – Ah bon ! C'est pourtant la couleur de ma jupe ! ■

Entraînez-vous

1 « Cette cravate fait combien ? »

a) 🎧 **Écoutez et répétez :**
– Vous prenez cette jupe ?
– Elle fait combien ?
– 61 €.
– Très bien, je la prends.

LES ADJECTIFS DÉMONSTRATIFS		
	SINGULIER	PLURIEL
Masculin Féminin	**ce, cet*** **cette**	} **ces**
* devant un nom masculin singulier commençant par une voyelle ou un *h*.		

b) Sur le même modèle, posez des questions sur ces vêtements :

la chemise
53 €

le tailleur
137 €

le pantalon
38 €

la robe
130 €

la cravate
38 €

les chaussures
66 €

2 « Un modèle moins cher... »

a) Observez et répétez :
– Ce tailleur est plus cher que cette robe.
– Ce pantalon est moins cher que cette chemise.
– Cette cravate est aussi chère que ce pantalon.

La comparaison

plus
moins } + adjectif + que...
aussi

b) Comparez-les en utilisant les adjectifs :
grand, cher, jeune.

100.000   25.000

HÔTEL

3 Le verbe « mettre ».

METTRE
Présent
Je mets
Tu mets
Il/Elle/On met
Nous mettons
Vous mettez
Ils/Elles mettent

a) Observez :
– Qu'est-ce que tu mets avec ta jupe verte ?
– Avec ma jupe verte, mon pull rouge.

**b) Imitez. Remplacez tu par vous et par elle.
Choisissez d'autres vêtements.**

Des modèles élégants et confortables

Pour la femme :

une robe courte, rouge, noire ou bleue **70 €**

une petite jupe courte et étroite, rouge ou noire **30 €**

des chaussures à talons, noires **54 €**

un chemisier à manches longues, blanc, rouge, noir ou bleu **23 €**

un pantalon large et très long, noir, blanc ou vert **43 €**

une veste longue et étroite, noire ou rouge **61 €**

un tailleur : la veste et la jupe sont de la même couleur, noires ou rouges **91 €**

un tailleur : la veste et le pantalon existent en noir et en rouge **99 €**

un chemisier sans manches, noir ou blanc **30 €**

Pour l'homme :

une veste de costume, longue, noire ou grise **70 €**

un costume (veste et pantalon) noir ou gris **107 €**

un pantalon large, noir ou gris **43 €**

des chaussures noires **58 €**

une ceinture noire ou marron **20 €**

une chemise bleue, blanche, rouge, jaune ou verte **23 €**

une cravate étroite, rose, orange, bleue ou verte **20 €**

Entraînez-vous

Vocabulaire

1 Les couleurs.

a) Remplissez la grille avec les noms des couleurs.

blanc   noir   gris   rose   rouge

orange   vert   bleu   marron   jaune

b) Quel nom n'apparaît pas dans la grille ?

2 Les vêtements.

a) Que portent-ils ? Écrivez le nom des vêtements devant chaque flèche.

b) Décrivez ensuite les vêtements. Utilisez les adjectifs : court, long, étroit, large.

Grammaire

3 Ce, cette, ces.

Associez par une flèche les éléments qui vont ensemble :

Je voudrais

ce
cette
ces

costume gris.
chaussures noires.
robe rose.
chemise verte.
pantalon marron.

4 Plus ... que/Moins ... que/Aussi ... que.

a) Faites des phrases de comparaison. Utilisez les mots donnés.
Exemple : **Jupe/pantalon (+ beau)** ➔
Cette jupe est plus belle que ce pantalon.

Tailleur/chemisier (= cher) ➔ . . .

Chaussures d'homme/chaussures de femme
(+ grand) ➔ . . .

Chemisier/pull (– large) ➔ . . .

Robe/jupe (+ long) ➔ . . .

Chemisier rouge/chemisier noir (= élégant) ➔ . . .

b) Faites des phrases pour comparer les prix des vêtements de la page 58.

5 L'adjectif.

Réécrivez les adjectifs dans les phrases suivantes et faites les accords nécessaires :
Véronique porte une robe (orange/long).
Robert met un costume (beau/noir).
Anna aime les pulls (rouge/grand).
Mme Leroux porte des tailleurs (bleu/petit).
Ahmed aime les chemises (long/noir).

6 Le verbe « mettre ».

Complétez ces phrases par le verbe mettre **à la forme correcte :**

– Pour une fête, qu'est-ce qu'on ... dans votre pays ?

– Nous, les hommes, nous ... un costume, les femmes ... une robe ou un tailleur. Mais quand on est jeune, on ... un pantalon et une chemise pour les garçons ; une jeune fille ... une jupe et un chemisier ou une robe.

Phonétique

Les sons /ʃ/ comme dans **ch**er et /ʒ/ comme dans **j**upe.

1 🎧 Écoutez et mettez une croix quand vous entendez le même son.

	a	b	c	d	e	f
DIFFÉRENT						
IDENTIQUE						

2 🎧 Écoutez et mettez une croix quand vous entendez le son /ʒ/ comme dans jupe.

	a	b	c	d	e	f
/ʒ/						

3 🎧 Écoutez et répétez :

Viens chez moi, j'habite chez une amie !
J'aime ta jupe mais pas tes chaussures.
Tu mets un pull chaud ? Alors je prends mon pull jaune.
Jean est plus jeune que Charles, non ?
J'aime bien mettre ces chaussures rouges.
Un jus d'orange et un grand chocolat chaud !

Graphie

/ʒ/ s'écrit

g devant **e** et **i**
ge devant **o** et **a**
j devant toutes les voyelles

4 Complétez les mots suivants par g ou j.

Antoine Martin est a. . .ent de voya. . .es, il travaille beaucoup en . . .uin, en . . .uillet et en août. Son a. . .ence est fermée en . . .anvier.

Paul Lemercier est un . . .eune in. . .énieur.

Sa femme n'est pas bel. . .e mais elle est française.

5 🎧 Dictée...

Écouter

6 🎧 Retrouvez le portrait-robot de ces deux personnes recherchées.

Première personne recherchée :

Deuxième personne recherchée :

Parler

7 Mme Leroux et Véronique Leguen vont ensemble dans un magasin de vêtements. Elles essaient des pulls et des jupes. Mme Leroux achète une jupe et Véronique Leguen achète un pull. Imaginez le dialogue.

Lire

8 Lisez ces informations sur les magasins de Londres et les achats que vous pouvez faire.

FAIRE DES COURSES À LONDRES

DKNY.
(27 Old Bound St., WI. Lun.-sam. 10 h-18 h)
Dans ce magasin il y a des tailleurs magnifiques en cashmere, donc très chers, mais vous pouvez aussi acheter des pulls en shetland. Ils existent dans toutes les couleurs de l'arc-en-ciel. Vous pouvez aussi trouver de très jolis T-shirts pour 25 livres. C'est une bonne idée de cadeau !

CAROLINE CHARLES.
(56-57 Beauchamp Pl., SW3. Lun.-sam. 10 h-18 h)
C'est le grand luxe dans ce magasin. Les vendeuses sont très classiques et les vêtements très chics. Et on peut trouver les modèles dans toutes les tailles. Si vous aimez les beaux tailleurs, les jupes droites et les chemisiers de bonne qualité, il faut absolument visiter ce magasin, mais attention, c'est un peu cher !

BOY.
(10-11 Moor St., WI. Lun.-sam. 11 h-18 h 30)
C'est extraordinaire : on trouve des pantalons larges couleur argent, des minijupes en vinyle fluo, des chaussures dorées à talons très hauts et plein de vêtements fous.
– Si vous êtes jeune et branchée*, vous devez aimer la boutique
*branché(e) : très à la mode.

THE HOMME.
(4 Symons St., SWI. Lun.-sam. 11 h-18 h 30)
– Messieurs, vous aimez les costumes en laine, les belles chaussures anglaises, les ceintures et les pulls confortables... allez faire vos achats dans ce magasin aux prix très intéressants.

PATRICK COX.
(8 Symons St., SWI. Lun.-sam. 10 h-18 h)
Il y a forcément le modèle de chaussures que vous cherchez. Et ils existent dans toutes les couleurs. Il y a sûrement les chaussures pour aller avec votre petite robe rose ou avec votre tailleur jaune et vert !

HAT SHOP.
(58 Neal St., WC2. Lun.-sam. 10 h-19 h)
Si vous aimez les chapeaux, il y en a de toutes les formes (petits, grands, ronds...) et de toutes les couleurs. Et ils ne sont pas trop chers. Alors, mettez des chapeaux, il y en a un pour vous !

Puis mettez une croix devant les phrases vraies.

a) ❐ Ces magasins sont tous fermés le dimanche.
b) ❐ On ne peut pas faire ses courses à Londres après 18 heures.
c) ❐ Vous cherchez des vêtements très à la mode mais pas trop chers, vous allez chez Caroline Charles.
d) ❐ Vous cherchez un petit cadeau pour une amie ; vous pouvez trouver chez DKNY.
e) ❐ Vous aimez les vêtements classiques et les belles matières comme le cashmere, vous allez au magasin Boy.
f) ❐ Vous adorez les petits chapeaux de couleurs vives, il faut aller au Hat Shop.
g) ❐ The Homme est un magasin pour femmes.
h) ❐ Vos chaussures ne vont jamais avec vos robes. Chez Patrick Cox, vous devez trouver votre bonheur.

i) ❐ Votre ami veut un beau pull mais il ne peut pas mettre beaucoup d'argent. Alors pas de cashmere ! Vous allez tout droit chez Caroline Charles.
j) ❐ Vous cherchez des vêtements un peu fous, pas classiques du tout pour une fête. Vous pouvez les trouver chez Boy.
k) ❐ Vous avez une amie grande et un peu ronde ; vous pouvez trouver pour elle un beau chemisier chez DKNY.

Écrire

9 Monsieur Combes est à Londres pour un congrès de dentistes. Sa femme a mis un petit mot dans sa valise pour qu'il lui achète un pull. Écrivez ce petit mot. (Indiquez la couleur, la taille, la matière et le prix.)

Unité 8

🎧 Deux amies, Cécile Lemercier et Brigitte Combes, entrent dans un restaurant pour déjeuner.

Le serveur – Une table pour deux ?

Cécile – Oui, s'il vous plaît.

Le serveur – Voilà le menu, je vous laisse choisir.

Cécile – Qu'est-ce que tu prends ?

Brigitte – Une salade, et toi ?

Cécile – Ici, il y a de la bonne charcuterie. Je prends du pâté de campagne. Et ensuite du gigot d'agneau.

Brigitte – Pour moi, pas de charcuterie, pas de viande ! Je prends seulement de la salade.

Cécile – De la salade en entrée et en plat principal ?

Brigitte – Oui, je suis au régime.

Cécile – Tiens, il y a de la tarte Tatin !

Brigitte – De la tarte Tatin ?

Cécile – Oui, il faut la commander maintenant. ... Monsieur, s'il vous plaît, vous pouvez prendre la commande ?

Brigitte – Alors, comme entrée, du pâté de campagne et de la salade...

Cécile – Ensuite, du gigot d'agneau et une salade pour madame.

Le serveur – Et comme boisson ?

Cécile – Une demi-bouteille de bourgueil. Et pour finir...

Brigitte – Deux tartes Tatin, avec beaucoup de crème. ■

 **Entraînez-vous** •

1 « Du pâté, de la charcuterie ».

a) 🎧 Écoutez et répétez :
– Qu'est-ce que vous prenez ?
– Je voudrais du poulet. Et de la salade, beaucoup de salade.

b) Regardez ce menu et choisissez vos plats sur le même modèle :

La quantité

Beaucoup de crème
≠
Un peu de crème

	LE PARTITIF
Masculin	**du, de l'***
Féminin	**de la, de l'***
	* devant voyelle.

Attention !
On peut dire :
de la salade/**une** salade
du saucisson/**un** saucisson
du jambon/**un** jambon
du poulet/**un** poulet
On dit en général :
un steak.

Menu

Entrées
la salade du chef
le saucisson
le jambon
la pizza
l'assiette de charcuterie

Plats
le poulet-frites
le steak-haricots verts
le gigot d'agneau-salade verte

Desserts
la crème au caramel
la glace à la fraise
la tarte Tatin
le gâteau au chocolat

Boisson comprise : 1/4 de vin

---

2 « Pas de viande ».

Attention !
Après une négation, on utilise « de ».
Exemple : Vous avez **du** jambon ?
Non, je n'ai pas **de** jambon.

---

a) Observez :
– Vous prenez de la viande ?
– Ah non, pas de viande. De la salade seulement.
– Et vous voulez un dessert ?
– Non, pas de dessert. Je voudrais un café.

b) Imitez en remplaçant viande **par** charcuterie, gigot, jambon, pâté **et** dessert **par** crème au caramel, gâteau au chocolat, glace à la fraise.

3 « Vous pouvez prendre la commande ? »

a) Observez :
– Je peux avoir de la salade ?
– Nous pouvons réserver une table pour ce soir ?
– Je voudrais réserver une table pour deux.

b) Employez les mêmes formes pour demander un service :
– avoir une table dans le jardin
– commander les entrées
– prendre seulement un plat
– choisir un dessert
– payer par chèque.

LA QUICHE LORRAINE EST UN PLAT DE L'EST DE LA FRANCE.

C'EST TRÈS FACILE À FAIRE
ET, AVEC UNE SALADE VERTE,
C'EST UN DÉLICE !

Pour faire une quiche lorraine, il faut de la pâte, trois tranches de jambon, 125 grammes de crème fraîche, 3 œufs, 25 grammes de beurre, du fromage, du sel et du poivre.

Mettez la pâte dans un plat avec le beurre. Coupez le jambon en petits morceaux. Mélangez les œufs avec la crème. Ajoutez du sel et du poivre. Mélangez bien. Mettez le jambon sur la pâte et versez le mélange sur le jambon. Ajoutez le fromage. Faites cuire pendant 35 minutes dans un four chaud. Mangez la quiche bien chaude.

LE GRATIN DAUPHINOIS EST UNE SPÉCIALITÉ DES ALPES.
Ce plat est très bon, avec de la viande.

Pour faire un gratin dauphinois, il faut 1 kg de pommes de terre, 2 verres de lait, 150 grammes de fromage coupé en petits morceaux, 50 grammes de beurre, 1 œuf, du sel et du poivre. Ce n'est pas très difficile !

Éplucher les pommes de terre et couper ces pommes de terre.

Prendre un plat pour le four et mettre du beurre dans ce plat.

Mettre les pommes de terre dans le plat.

Bien mélanger le lait, le fromage, l'œuf, le sel et le poivre.

Verser le mélange sur les pommes de terre. Ajouter un peu de beurre et de fromage.

Mettre le plat dans un four chaud et faire cuire 45 minutes.

Manger ce plat très chaud !

Bon appétit !

Entraînez-vous

Vocabulaire

1 Les ingrédients.

a) Écrivez un des noms de cette liste pour chacun de ces ingrédients.

des œufs   du beurre   du fromage
du sel   une salade   une tranche de jambon
un poulet   un gâteau

b) Où pouvez-vous acheter ces produits ?
Classez-les par magasin.

Chez le boulanger : . . .

Chez l'épicier : . . .

Chez le boucher : . . .

c) Rayez ce qui ne convient pas dans ces phrases :
Versez/Coupez la crème sur les œufs.
Coupez/Versez le lait.
Coupez/Mélangez les œufs et le beurre.
Faites cuire/Ajoutez du sel.
Versez/Coupez la quiche.
Mettez/Mélangez le plat dans le four.

d) Remettez ce menu dans l'ordre :

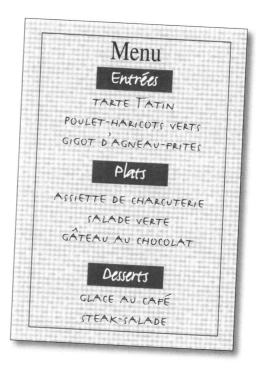

Menu

Entrées

TARTE TATIN

POULET-HARICOTS VERTS

GIGOT D'AGNEAU-FRITES

Plats

ASSIETTE DE CHARCUTERIE

SALADE VERTE

GÂTEAU AU CHOCOLAT

Desserts

GLACE AU CAFÉ

STEAK-SALADE

Grammaire

2 Les partitifs.

Assemblez par une flèche les éléments qui vont ensemble :

Je voudrais

du   de la   de l'

salade
pâté
eau minérale
jambon de pays
chocolat
charcuterie

3 L'infinitif et l'impératif.

Voici les indications pour aller chez Marco Vaz.
Réécrivez-les en employant l'impératif.
Exemple : **Prendre la rue du théâtre.**
➜ *Prenez* la rue du théâtre.

Continuer tout droit. ➜ . . .

Aller jusqu'à la tour. ➜ . . .

Passer devant le cinéma. ➜ . . .

Tourner à gauche après le cinéma. ➜ . . .

Marcher encore 20 mètres. ➜ . . .

Chercher le numéro 16. ➜ . . .

Vous êtes arrivés, j'habite au numéro 25 !

Phonétique

Les sons /s/ comme dans salade et /z/ comme dans choisir.

1 🎧 Écoutez et mettez une croix quand vous entendez le même son.

	a	b	c	d	e	f	g	h
DIFFÉRENT								
IDENTIQUE								

2 🎧 Écoutez et mettez une croix quand vous entendez le son /z/ comme dans choisir.

	a	b	c	d	e	f	g	h	i	j
/z/										

3 🎧 Écoutez et répétez :

/s/

dix
septembre
mars
un lycée
la Suisse
le basket
un restaurant
une invitation
c'est sûr

/z/

un voisin
la musique
une rose
ils utilisent
un magasin
une vendeuse
la télévision
avec plaisir

/s/ /z/

poisson/poison
ils sont/ils ont
dessert/désert
deux sœurs/deux heures
nous savons/nous avons
descends/des ans
basse/base
ils aiment/ils s'aiment
elles entendent/elles s'entendent

Les Français sont comme ça !
Nous finissons notre glace.
En septembre, le soleil, c'est fini !
Mes voisins ont une belle maison.
Ma voisine est portugaise.
Ils ont un médecin sympathique et amusant.
Vous choisissez ce dessert ?
Mes amis font du basket et du ski.
Ils ont des enfants sages.
La télévision est cassée.

Graphie

4 Complétez ces mots par s ou ss pour obtenir le son /s/.

« La gro. . . e a. . . iette », c'est un re. . . taurant pas cher. Vous le connai. . . ez, non ?
La . . . pécialité, c'est la . . . alade et le . . . teak.
Le . . . auci. . . on est au. . . i très bon.
Vous voulez l'adre. . . e ?

5 Complétez ces mots par s, ss ou c pour obtenir le son /s/.

– Voici la carte, je vous lai. . . e choisir.
Comme boi. . . on, vous voulez un Coca et comme de. . . ert ?
– Je voudrais une gla. . . e au café.

6 🎧 Dictée...

Écouter

7 🎧 Mettez une croix devant ce que Mme Charfaoui peut boire et manger pendant son régime :

☐ du poulet
☐ du steak
☐ des pommes de terre
☐ des haricots verts
☐ de la salade
☐ du fromage
☐ des yaourts
☐ des fruits
☐ des gâteaux
☐ des glaces
☐ du vin
☐ des jus de fruits
☐ du café sucré
☐ du thé sans sucre

Parler

8 M. et Mme Lemercier sont au restaurant « La grosse assiette ».
Ils choisissent leurs plats et passent la commande.
Imaginez le dialogue.

Lire

9 Regardez cette recette en images puis remettez ces phrases dans l'ordre
(numérotez les phrases).

Le gâteau marbré

☐ Versez dans un plat pour le four un peu du mélange sucre/œufs/farine/beurre et un peu de chocolat chaud.

☐ Mangez le gâteau quand il est froid.

☐ Mettez le plat dans le four chaud.

☐ Mélangez les œufs et le sucre.

☐ Faites cuire le chocolat.

☐ Ajoutez le beurre et la farine.

☐ Continuez de verser les deux mélanges dans le plat en quatre fois.

☐ Faites cuire le gâteau pendant 55 minutes.

Écrire

10 Madame Leroux envoie une petite carte à Sabrina Charfaoui pour l'inviter à dîner
au restaurant « La grosse assiette » (25 rue de l'Église), samedi 8 mai, à 20 heures.
Écrivez sa carte. Écrivez la réponse de Sabrina (elle est libre dimanche soir).

VOUS CONNAISSEZ...

1 Les possessifs

Complétez avec le possessif qui convient :

1 • Je vous remercie et j'accepte ... invitation avec plaisir.
2 • J'ai 25 ans demain, et je vous attends pour fêter ... anniversaire.
3 • Elle ne peut pas venir : elle passe ... examen de chimie demain.
4 • Nous sommes heureux de vous annoncer la naissance de ... fille Aurore.
5 • Ils achètent tous ... vêtements aux Galeries Lafayette.
6 • Ce pull est grand pour toi : ce n'est pas ... taille. Cette jupe te va bien ; elle est de la couleur de ... yeux.
7 • Je ne trouve pas ... chaussures.
8 • Je suis au régime : tu veux ... tarte ?
9 • Elle a ... leçon de piano, mais elle vient quand même.
10 • Nous avons vu ce film plusieurs fois : c'est vraiment ... film préféré.

2 Les démonstratifs

Complétez avec le démonstratif qui convient :

1 • Je n'aime pas ... chambre !
2 • Nous prenons ... avion.
3 • ... place est réservée.
4 • ... tarif est intéressant.
5 • ... formule est avantageuse.
6 • ... modèle ne me va pas.
7 • ... couleurs sont belles.
8 • ... ceinture va bien avec ma jupe.
9 • Nous prenons ... menu.
10 • ... exemple est intéressant.

3 La comparaison

Faites des phrases en utilisant l'adjectif entre parenthèses et plus... que... / moins... que... / aussi... que... :

a) (grand - petit)

| Louise | Cécile | Marion |

b) (cher)

4 Les pronoms compléments

Complétez avec le pronom qui convient :

1 • Tu ne prends pas cette jupe ?
  Non, je ne ... aime pas.
2 • Isabelle est ici ? Je voudrais ... féliciter pour son examen.
3 • Ce train part à 6 heures : je ne peux pas ... prendre.
4 • Qui sont ces personnes : je ne ... connais pas.
5 • Où sont mes chaussures ? Je ne ... trouve pas.
6 • J'aime beaucoup ce pull. Je ... mets avec un pantalon gris.
7 • Tu peux prendre mon dessert. Je ne peux pas ... finir.
8 • Tu prends de la crème, et tu ... mélanges avec le fromage.
9 • Vous prenez un peu de crème, et vous ... ajoutez à la pâte.

5 La conjugaison

a) Écrivez ces verbes au présent :

1 • Qu'est-ce que vous (choisir) ..., la première ou la seconde classe ?
2 • Tu (partir) ... à quelle heure ?
3 • Nous (finir) ... cet exercice.
4 • Ça te (convenir) ... ?
5 • Ils (venir) ... en train ?
6 • On (finir) ... ces sandwiches.
7 • Ils (choisir) ... ce forfait, il est plus avantageux !
8 • Nous (partir) ... en Italie.
9 • Vous (venir) ... avec nous ?

b) Écrivez ces verbes au présent :

1 • On (*prendre*) . . . l'avion à midi.
2 • Je (*aller*) . . . en Italie cet été.
3 • Tu (*connaître*) . . . ce restaurant ?
4 • Vous (*mettre*) . . . ces chaussures noires ?
5 • Tu (*pouvoir*) me dire l'heure ?
6 • Ils (*savoir*) . . . parler le français.
7 • Tu (*attendre*) . . . Marie ?
8 • Elles (*partir*) . . . aujourd'hui ?
9 • Vous ne (*connaître*) . . . pas Bruges ?
10 • Tu (*mettre*) . . . ce pantalon ?
11 • Vous (*prendre*) . . . le train ?
12 • Et vos amis, comment (*aller*) . . . -ils ?
13 • Elle (*pouvoir*) . . . venir chez moi.
14 • Qu'est-ce que vous (*attendre*) . . . ?
15 • Tu (*savoir*) . . . où sont nos billets ?
16 • L'avion (*partir*) . . . à quelle heure ?

VOUS SAVEZ...

1 Proposer des activités

Proposez les activités suivantes :

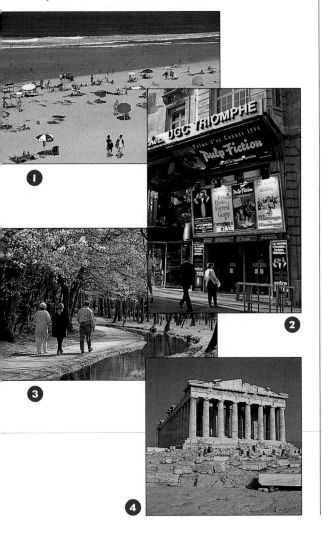

2 Accepter ou refuser des propositions

Vous acceptez les propositions 1 et 4.
Vous refusez les propositions 2 et 3.

3 Vous excuser et vous justifier si vous refusez

Une amie vous invite à aller au restaurant ce soir.

– Vous refusez et vous vous excusez : . . .
– Vous vous justifiez : . . .

4 Demander et donner l'heure

On vous demande l'heure : . . .
Vous répondez : . . .

5 Demander un billet

Vous voulez un aller en train Lyon/Nice,
2e classe, non-fumeur ; vous voulez voyager entre
9 heures et midi le samedi 12 juillet.

Vous demandez votre billet.

6 Décrire un vêtement

Vous êtes dans un magasin et vous cherchez
un vêtement. Vous le décrivez :

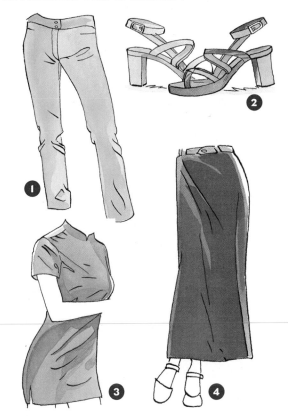

7 Commander un repas

Consultez cette carte de restaurant et faites votre menu.

MENU

Entrées :

Pâté de la maison
Salade de tomates
Assiette de charcuterie

Plats :

Poulet/haricots verts
Steak/frites
Quiche lorraine/salade verte

Desserts :

Tarte aux pommes
Crème au chocolat
Salade de fruits

PRIX : 12 €
(SERVICE COMPRIS)

8 Utiliser des formules de politesse

Complétez ces petits mots avec la formule qui convient :

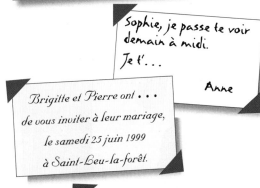

samedi soir, je vais au théâtre
avec mon professeur de français.
Je suis ... je ne peux pas sortir avec toi.
À bientôt.   Jeanne.

Sophie, je passe te voir
demain à midi.
Je t'...
                    Anne

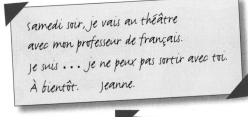

Brigitte et Pierre ont ...
de vous inviter à leur mariage,
le samedi 25 juin 1999
à Saint-Leu-la-forêt.

Nous acceptons avec ...
votre invitation pour le cocktail et
nous vous ... Amicalement.
M. et Mme Leroi

ÉCOUTER ET COMPRENDRE

1 Proposer des activités

🎧 Propositions

Cochez les phrases vraies.

1 • ❏ Sophie est libre dimanche.
2 • ❏ Sophie a rendez-vous dimanche.
3 • ❏ Elle va au musée Rodin avec un ami.
4 • ❏ Nathalie voudrait voir son amie Sophie dimanche.
5 • ❏ Sophie propose à Nathalie d'aller au musée avec elle.
6 • ❏ Nathalie n'a pas envie de sortir avec Nicolas.
7 • ❏ Nicolas n'aime pas beaucoup Nathalie.
8 • ❏ Nathalie accepte d'aller avec Sophie et Nicolas.
9 • ❏ Ils ont rendez-vous dans le musée à 12 h 30.
10 • ❏ Ils ont rendez-vous dans un café devant le musée.

2 Réserver un voyage

🎧 Réservation de voyages

Mettez une croix devant les bonnes réponses :

1 • Le client est :
    ❏ à la gare   ❏ dans une agence de voyages
2 • Il veut partir :
    ❏ en été   ❏ en hiver
    ❏ une semaine   ❏ deux semaines
3 • Il veut aller :
    ❏ dans un pays froid   ❏ dans un pays chaud
4 • Il préfère :
    ❏ une semaine dans un hôtel   ❏ un circuit
5 • La jeune fille de l'agence propose :
    ❏ une semaine en Tunisie
    ❏ une semaine au Maroc
6 • La formule proposée comprend :
    ❏ les nuits d'hôtel   ❏ le vol aller-retour
    ❏ les repas   ❏ les boissons
    ❏ les visites   ❏ les activités sportives
7 • Elle propose un hôtel :
    ❏ deux étoiles   ❏ trois étoiles   ❏ quatre étoiles
8 • Le prix du séjour est de :
    ❏ 335 €   ❏ 457 €   ❏ 488 €   ❏ 2012 €

3 Commander un menu

🎧 Au restaurant

Cochez les phrases vraies :

1 • ❏ Les deux femmes sont au régime.
2 • ❏ Une femme prend seulement une salade verte.
3 • ❏ Elle commande une assiette de fromages pour manger avec la salade.
4 • ❏ L'autre femme prend un poulet avec des frites.

5 • ❏ Elle prend un steak avec des pommes frites.

6 • ❏ Elles ne commandent pas de dessert.

7 • ❏ Une des deux femmes prend une glace à la vanille.

8 • ❏ Une des deux femmes commande un gâteau au chocolat.

9 • ❏ Elles boivent toutes les deux du vin.

10 • ❏ Une des deux femmes demande un verre de vin.

4 Acheter un vêtement

🎧 Dans les magasins

a) Enregistrement n° 1. **Mettez une croix devant les bonnes réponses :**

1 • La femme cherche une robe :
❏ d'hiver ❏ d'été ❏ pour sortir

2 • La vendeuse lui propose une robe
❏ rose ❏ jaune ❏ rouge

3 • La cliente refuse parce qu' :
❏ elle la trouve trop courte
❏ elle n'aime pas la couleur
❏ elle n'aime pas le modèle

4 • La cliente dit qu'elle fait du :
❏ 36 ❏ 38 ❏ 40

5 • L'homme trouve que la robe noire est :
❏ trop grande ❏ trop petite
❏ trop longue ❏ trop courte

6 • La robe :
❏ va bien à la femme
❏ ne va pas très bien à la femme

7 • La cliente :
❏ n'achète pas la robe noire
❏ achète la robe et va faire un régime
❏ achète la robe et la porte maintenant

b) Enregistrement n° 2. **Mettez une croix devant les bonnes réponses :**

1 • Le jeune homme veut acheter un jean :
❏ bleu ❏ blanc ❏ noir

2 • Il veut un jean :
❏ français ❏ américain

3 • Il demande un jean en :
❏ 32 ❏ 33 ❏ 42 ❏ 43

4 • Le vendeur pense que le jean :
❏ est trop petit ❏ est trop grand ❏ va bien

5 • Le jeune homme préfère :
❏ le premier jean ❏ le deuxième jean

6 • Le jean coûte :
❏ 38 € ❏ 53 € ❏ 69 €

7 • Le jeune homme n'achète pas le jean parce qu'
❏ il ne lui va pas
❏ il n'a pas de carnet de chèques
❏ il n'a pas assez d'argent avec lui.

PARLER

1 Choisir un film

Vous devez aller au cinéma avec une amie. Vous choisissez un film. Vous n'êtes pas d'accord avec votre amie. Vous dites pourquoi.

2 Proposer un voyage

Vous voulez partir en voyage, mais vous ne savez pas où. Vous allez dans une agence. On vous propose plusieurs destinations. Vous choisissez. Vous prenez votre billet. Vous payez.

3 Commander un menu

Vous invitez un ami au restaurant. Vous l'interrogez sur ses goûts. Vous choisissez le menu. Vous commandez.

4 Expliquer une recette

Une amie veut faire un plat de votre pays. Vous lui expliquez la recette.

5 Choisir un vêtement

Vous allez dans un magasin choisir un vêtement. La vendeuse vous propose plusieurs modèles que vous n'aimez pas. Vous choisissez enfin un modèle qui vous plaît. Mais il est trop cher.

ÉCRIRE

1 Inviter

C'est votre anniversaire. Vous envoyez un carton d'invitation à vos amis. Vous écrivez ce carton.

2 Répondre à une invitation

Vous recevez cette invitation.

> Chers amis,
> Demain, c'est l'été ! Venez faire la fête avec nous samedi 22 juin à la Boisière. Nous vous attendons à partir de 19 heures avec une bouteille de Champagne.
>
> Martine et Serge Noir
> La Boisière, 25 rue du bois, Cachan 94230
>
> R.S.V.P.

Vous n'avez pas envie d'y aller. Vous répondez en refusant, en vous excusant, et en trouvant une justification.

ÉCRIRE

■ Choisir un restaurant

Vous devez choisir un restaurant pour dîner avec votre grand-mère,
et son chien Kanou, vendredi prochain. Vous regardez dans un guide
de restaurants. Voici ce que vous avez trouvé dans le quartier :

• *L'Ébauchoir*
Cuisine française traditionnelle mais un peu
épicée, salle immense et conviviale.
Délicieux plats de poisson.
Mais ici, il faut parler fort, alors venez
avec de bons copains pour rire, bien boire
et bien manger !

• *Le café du coin*
Le rendez-vous des gastronomes.
Spécialités du Sud-Ouest : cassoulet, foie gras,
magrets et confits, cèpes… Cuisine un peu
lourde mais très appréciée alors il vaut mieux
réserver quelques jours à l'avance.

• *Le bistrot d'Adèle*
Venez déguster les délicieuses tartes chaudes,
salées et sucrées d'Adèle, dans une salle à
manger comme à la campagne.
Prix très raisonnables.
Les chiens ne sont pas acceptés.

• *Casa Tina*
Petit bar à tapas typiquement espagnol
avec musique et chants flamenco.
Ambiance garantie avec les nombreux
étudiants des Beaux-arts qui viennent ici.
Ici, on mange debout.

• *Chez Clément*
Cuisine française de qualité, dans un cadre
confortable avec un accueil sympathique.
Plusieurs salles vous sont réservées.
Vous êtes assuré de passer une bonne soirée.

• *Les chandelles*
Si vous aimez les dîners romantiques
en tête à tête, vous allez adorer cet endroit.
Réservez une table près de la magnifique
cheminée. Très bien pour les amoureux !

a) En quelques mots, indiquez, pour chaque restaurant,
ce qui convient ou ne convient pas à votre sortie.

	Oui	Non
L'Ébauchoir		
Le café du coin		
Chez Clément		
Le bistrot d'Adèle		
Casa Tina		
Les chandelles		

b) Vous envoyez un petit mot à votre grand-mère pour lui indiquer
le restaurant que vous avez choisi pour vendredi à 20 h 30.
Vous allez prendre un taxi de chez elle pour y aller.

2 Écrire un message d'invitation et répondre

Écrivez pour chacune des situations suivantes un message court, mais précis et clair.

a) Vous proposez à une amie de passer quelques jours au bord de la mer. Vous devez lui donner les informations suivantes :

> • *Départ : vendredi 25 avril, 19 :35. TGV N° 38940 gare Montparnasse.*
>
> • *Retour : lundi 28 avril 18 :05. (arrivée Paris 21 :47, gare Montparnasse).*
>
> • *Prix en seconde : 69 € aller-retour par personne.*
>
> • *Hôtel Les Mouettes, 56 quai du Port, Roscoff.*
>
> • *Prix d'une chambre double, avec salle de bains, vue sur la mer (petit déjeuner inclus) : 50 € la nuit.*

Vous attendez sa réponse par courrier électronique avant la fin de la semaine et si elle accepte, vous pouvez faire les réservations du train et de l'hôtel pour vous deux.

b) Votre amie vous répond.
Elle n'est pas libre le soir du 26 avril : son frère fait une fête pour ses 20 ans. Elle vous propose de venir à la fête et de partir en Bretagne pour le week-end de l'Ascension (plus chaud et plus agréable). Écrivez son petit mot.

c) Patrick envoie par e-mail à ses amis un petit mot d'invitation pour ses 20 ans. Il donne quelques indications. Rédigez son message.

```
(date : 26 avril, horaire : de 20 H au
dimanche matin, lieu : Salle polyvalente,
mairie du 18e arrondissement. Apporter
des disques et une bouteille de
champagne. Repas, musique et danse)
```

3 Décrire et conseiller un vêtement

Votre cousine, qui est petite et un peu grosse, est invitée dans un très grand restaurant de Rennes pour une soirée du journal *Ouest-Info*. Vous lui proposez deux de vos tenues élégantes. Vous lui écrivez un petit mot pour les décrire en tenant compte de ces dessins et vous la conseillez.

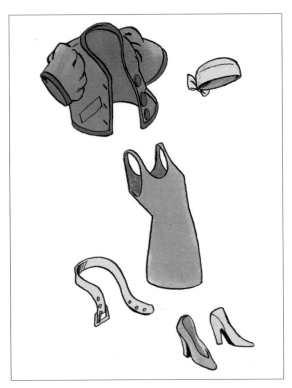

Unité 9

🎧 M. et Mme Lemercier marchent dans la rue. Ils sortent d'un restaurant, après le dîner.

M. Lemercier – Ce petit restaurant est vraiment sympathique !

Mme Lemercier – Oui, on a passé une soirée agréable.

M. Lemercier – Et la tarte aux pommes du patron, un délice !

Mme Lemercier – Et puis, ce n'est pas très cher.

M. Lemercier – Tiens, tu peux mettre mon chéquier dans ton sac ?

Mme Lemercier – Mon sac ! J'ai oublié mon sac !

M. Lemercier – Tu as oublié ton sac, toi !

Mme Lemercier – Oui, j'ai pris mon manteau, mes gants. J'ai posé mon sac pour prendre mon parapluie, et je l'ai oublié.

M. Lemercier – Mais enfin, qu'est-ce qui t'arrive ?

Mme Lemercier – Tu peux parler ! Le mois dernier, tu as perdu tes clés et la semaine dernière ton portefeuille.

M. Lemercier – Justement, tes clés, elles ne sont pas dans ton sac ?

Mme Lemercier – Si.

M. Lemercier – Et ton portefeuille ?

Mme Lemercier
– Si, mon portefeuille aussi.

M. Lemercier – Alors, tu as perdu ton portefeuille, tes clés... et ton sac. Moi, je n'ai pas perdu de sac ! ■

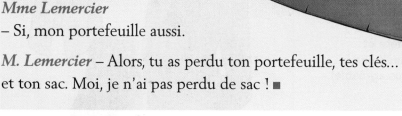

SORTIR		PERDRE
Présent		*Présent*
Je sors		Je perds
Tu sors		Tu perds
Il/Elle sort		Il/Elle perd
nous sortons		nous perdons
vous sortez		vous perdez
Ils/Ells sortent		Ils/Ells perdent

1 « J'ai oublié... »

Le passé composé avec « avoir »		

Il marque une action passée. Il est composé : d'un auxiliaire « avoir » et d'un participe passé .

J'ai	regardé	(verbes en -er)
Tu as	mis	(mettre)
Il/Elle a	pris	(prendre)
Nous avons	fait	(faire)
Vous avez	perdu	(perdre)
Ils/Elles ont	lu	(lire)

a) 🎧 Écoutez et répétez :
J'ai fait un chèque.
J'ai mis mon sac sur la table.
J'ai pris mon parapluie.
Et j'ai laissé mon sac !

b) Racontez. Mettez ces phrases au passé composé :
– Réserver une place de train.
– Oublier le billet à la maison.
– Prendre le train sans billet. (J'ai... nous...)

– Chercher un appartement.
– Mettre une annonce dans le journal.
– Trouver cet appartement rue Delambre. (J'ai... nous...)

2 « La semaine dernière... »

a) Observez :
Hier, j'ai déjeuné au restaurant mais aujourd'hui, je déjeune à la maison.

LES COMPLÉMENTS DE TEMPS	
PASSÉ	PRÉSENT*
Hier	Aujourd'hui
Hier matin	Ce matin
Hier après-midi	Cet après-midi
Hier soir	Ce soir
La semaine dernière	Cette semaine
Le mois dernier	Ce mois-ci
L'année dernière	Cette année

* Ces compléments peuvent aussi être utilisés avec un passé composé si l'action est déjà passée.

« Ce matin, il a pris le train.»

« Cette semaine, elle a acheté une voiture.»

b) Imitez et faites des phrases au passé avec un complément de temps :

● Ce matin, vous prenez un café mais . . . (thé).

● Aujourd'hui, je mets une robe noire mais . . . (robe rouge).

● Cette semaine, tu prends l'avion mais . . . (train).

● Ce mois-ci, ils prennent la carte de réduction « Jeunes » mais . . . (payer plein tarif).

● Cette année, nous louons un appartement mais . . . (maison).

3 Oui ou si ?

a) Observez :
– Tu as oublié ton sac ?
– Ah oui, j'ai oublié mon sac au restaurant.

– Tu n'as pas oublié ton sac ?
– Si, j'ai oublié mon sac au restaurant.

b) Répondez à ces questions :
– Vous avez pris une place en seconde ?
– Ils n'ont pas déjeuné au restaurant ?
– Tu n'as pas fait le déjeuner ?
– Vous n'avez pas acheté un aller-retour ?
– Il a perdu son portefeuille ?
– Elle n'a pas pris l'adresse de l'hôtel ?

4 Les possessifs (rappel).

a) Observez :
– Où est mon journal ? Je ne le trouve pas !
– Ton journal ? Il est dans la voiture.

– Où est ma jupe ? Je ne la trouve pas.
– Ta jupe ? Elle est dans ta chambre.

b) Imitez et remplacez journal par :
– clés de voiture,
– permis de conduire,
– carte d'identité,
– billet de train.

c) Imitez et remplacez jupe par :
– pull,
– cravate,
– chaussures.

5 Les pronoms toniques (rappel).

a) Observez :
– Moi, j'ai pris un sac, et toi ?
– Moi, j'ai acheté des gants.

b) Imitez et remplacez je par nous et vous.

c) Imitez et remplacez je par il et elle.

d) Imitez et remplacez je par ils et elles.

PETITES ANNONCES

1 Trouvé le 15 juin dans la rue Cassette (dans le 6e arrondissement) des clés de voiture Renault.
Tél. M. Fournier : 01 37 59 62 48.

4 J'ai oublié mon carnet d'adresses dans un taxi samedi 24 juin vers 10 heures. Si vous le trouvez, téléphonez-moi, c'est très important pour moi. Mme Leroi : 01 46 36 97 12.

2 Perdu dans le train Levallois/Paris le 29 mai un petit sac à dos noir. Il y a des photos de mon fils dans le sac et elles sont très importantes pour moi. Il y a aussi mon portefeuille avec ma carte d'identité, mon permis de conduire et un peu d'argent. Récompense. Appeler Mme Mangin, le soir ap. 18 h. au 01 43 28 64 90.

5 Trouvé un sac à dos dans le train de Paris le 29 mai. Appeler Mme Blanchard au 01 43 50 76 23.

3 J'ai perdu mes clés de voiture dans la journée du 15 juin dans le 6e arrondissement. Si vous les avez trouvées, merci de m'appeler : M. Bourgeois 01 45 24 96 40.

Entraînez-vous

1 Petites annonces.

a) Lisez ces petites annonces parues dans *Le Parisien* du 26 juin. Quatre de ces annonces correspondent aux mêmes objets. Lesquelles ?

... et ...   ... et ...

b) Ce chauffeur de taxi est honnête. Il a écrit cette lettre avant de lire ces annonces. À qui a-t-il écrit ?

Attention à l'accord au passé composé !
Le participe passé s'accorde avec le complément comme un adjectif quand ce complément est placé avant l'auxiliaire « avoir ».
Exemple : Les clés, je les ai trouvées…

Quelques formules de politesse dans une lettre

Avec mes sentiments distingués
Cordialement
Bien à vous
Salutations distinguées.

Paris, le 24 juin 1998

Madame,

J'ai trouvé ce matin dans mon taxi un carnet avec votre nom et votre adresse.

Votre numéro de téléphone n'est pas dans l'annuaire.

Je vous écris donc pour vous donner mon adresse :

Michel Silber
24 rue des Lilas
91400 VINCENNES

Avec mes sentiments distingués,

Michel Silber.

Vocabulaire

2 Emploi du temps : l'agenda de Cécile Lemercier.

On est le 6 mai. Cécile regarde son agenda. Que dit-elle ? Complétez ces phrases avec : le mois dernier, la semaine dernière, hier (matin, après-midi, soir), ce matin, cet après-midi, ce soir, aujourd'hui, à midi et demi.

Bon, alors . . . j'ai beaucoup de choses à faire : . . . je dîne au restaurant avec Paul et . . . , je déjeune avec M. Martin. . . . , j'ai rendez-vous chez le médecin et . . . je travaille de 17 à 19 h 30. Qu'est-ce que j'ai fait . . . ? Ah oui, . . . j'ai joué au tennis . . . , on a dîné chez Philippe et Brigitte. . . . , j'ai visité le musée d'Art moderne. . . . j'ai eu rendez-vous chez le dentiste et . . . , les enfants ont eu des vacances.

Grammaire

3 Passé composé.

Répondez aux questions suivantes en utilisant les éléments donnés.
Exemple :
● **Où sont mes clés ?** (je/mettre/dans ton sac)
➜ *J'ai mis tes clés dans ton sac.*

● Où est le pantalon de Paul ?
(il/laisser/dans la chambre)
➜. . .
● Où sont nos sacs ?
(je/oublier/dans la voiture)
➜. . .
● Où est mon portefeuille ?
(on/mettre/dans ton manteau)
➜. . .
● Où est la carte d'identité de Nicolas ?
(il/perdre/dans le métro)
➜. . .
● Où sont les livres des enfants ?
(tu/prendre/chez toi)
➜. . .
● Quand as-tu écrit cette lettre ?
(je/écrire/hier)
➜. . .

ÉCRIRE	
Présent	*Passé composé*
J'écris	J'ai écrit
Tu écris	Tu as écrit
Il/Elle écrit	Il/Elle a écrit
Nous écrivons	Nous avons écrit
Vous écrivez	Vous avez écrit
Ils/Elles écrivent	Ils/Elles ont écrit

4 Oui/Si.

Posez les questions correspondant à ces réponses.
Exemples : – *Il a aimé cette comédie ?*
– **Oui, il a aimé cette comédie.**
– *Il n'a pas aimé ce livre ?*
– **Si, il a aimé ce livre.**

– . . . ?
– Si, on a pris le train.

– . . . ?
– Oui, elle a fait des achats aux Galeries Lafayette.

– . . . ?
– Oui, il a commandé le menu.

– . . . ?
– Si, j'ai regardé le film à la télévision.

– . . . ?
– Oui, nous avons perdu nos clés.

– . . . ?
– Si, ils ont pris un grand appartement.

Phonétique

Les sons /p/ et /f/
comme dans **p**ortefeuille.

1 🎧 Écoutez et mettez une croix quand vous entendez le même son.

	a	b	c	d	e	f	g	h	i
DIFFÉRENT									
IDENTIQUE									

2 🎧 Écoutez et mettez une croix quand vous entendez le son /f/ comme dans **ph**armacie.

	a	b	c	d	e	f	g	h	i
/f/									

3 🎧 Écoutez et répétez :

/p/

C'est pour Patrick ?
Où est ton passeport ?
On part lundi prochain.
Paul est plus petit.
Il prend du pain.

/f/

Ça fait dix francs.
La photo, ce n'est pas facile.
Ce café est froid.
Ferme la fenêtre !
Ma fille est fatiguée.
Offrez des fleurs !

/p/ /f/

Tu prends des fruits ?
Le supermarché est fermé.
Dans la salade de fruits, il y a des pommes, des poires et des fraises.
J'ai perdu mon portefeuille au café.

Graphie

4 **Complétez ces mots avec p ou pp.**

Achète des . . . ommes et du . . . ain au
su. . . ermarché.
Les . . . ortes de cet a. . . artement
sont très larges.

Notre. . . rofesseur de français est sym. . . athique.
En se. . . tembre, on . . . eut mettre des ju. . . es
et des . . . antalons d'été.

5 **Complétez ces mots avec f, ff ou ph.**

. . . ilippe Combes est dentiste, il n'est pas
. . . armacien.
Regardez, j'ai des . . . otos des en. . . ants !
Le . . . rançais, c'est . . . acile, mais le russe
c'est di. . . icile.
Quelle est la pro. . . ession de votre . . . emme ?
Elle est journaliste à . . . *rance-In*. . . *os*.

6 🎧 Dictée…

Écouter

7 🎧 Écoutez cet enregistrement puis mettez une croix devant les affirmations vraies.

a) Mme Lefort a perdu :
- ☐ sa carte d'identité
- ☐ son passeport
- ☐ son permis de conduire.

b) ☐ On a volé son portefeuille.
- ☐ Elle a oublié ses papiers.
- ☐ Elle a perdu son portefeuille.

c) ☐ dans le train
- ☐ à la gare
- ☐ dans un taxi

d) ☐ ce matin à 10 heures
- ☐ ce soir à 10 heures
- ☐ hier matin à 6 heures

e) Elle est sûre :
- ☐ qu'elle a perdu ses papiers.
- ☐ qu'on a volé ses papiers.
- ☐ qu'elle a oublié ses papiers.

f) Une déclaration de vol :
- ☐ est différente d'une déclaration de perte.
- ☐ est identique à une déclaration de perte.

g) Quand on retrouve des papiers,
le commissariat de police :
- ☐ écrit à la personne.
- ☐ téléphone à la personne.
- ☐ envoie les papiers à la personne.

Parler

8 Cécile Lemercier téléphone au patron du restaurant pour lui expliquer qu'elle a oublié son sac sur la table. Imaginez le dialogue.

Lire

9 Lisez ce document.

Quelques conseils pour bien utiliser votre carte bancaire :

– Signez votre carte quand vous la recevez.
– Faites attention ; votre carte est aussi importante que de l'argent ou un carnet de chèques. Gardez-la toujours avec vous dans votre portefeuille.
– Ne laissez pas votre numéro de code à côté de votre carte.
– Ne communiquez pas votre numéro de code. Il est personnel.

En cas de perte ou de vol de votre carte bancaire :

– Téléphonez tout de suite à votre banque.
– Allez au commissariat de police pour faire une déclaration de perte ou de vol.
– Passez à votre banque pour confirmer votre opposition et donner votre déclaration.
– Si vous ne pouvez pas passer, envoyez une lettre avec votre déclaration.

ATTENTION :
Vous pouvez téléphoner
à votre centre
de carte bancaire
24 h sur 24.

Puis lisez ces phrases et mettez une croix devant les phrases vraies.

a) ❏ Vous devez toujours prendre votre carte avec vous.

b) ❏ Il faut écrire votre numéro de code sur votre carte.

c) ❏ Vous pouvez donner votre numéro de code à vos amis.

d) ❏ Une carte bancaire a la même importance que de l'argent.

e) ❏ Si vous perdez votre carte, il faut téléphoner au commissariat de police.

f) ❏ Vous pouvez téléphoner toute la semaine et le week-end au centre de carte bancaire.

g) ❏ Vous devez tout de suite envoyer une lettre à votre banque.

h) ❏ Il faut aller à la banque pour faire une déclaration de vol ou de perte.

Écrire

10 Litza Ritsos a oublié son passeport dans l'avion venant d'Athènes le 13 mai.
La compagnie Air France lui écrit pour lui dire qu'on a retrouvé son passeport. On lui indique le numéro de téléphone où elle peut appeler et l'adresse où elle peut aller chercher son passeport. Écrivez cette lettre.

AIR FRANCE	Paris, le 15 mai 1999
...	
Paris	
	Mademoiselle Litza Ritsos
	... rue de ...
	...

Mademoiselle,

Nous avons trouvé..
....

André Desmoulins
Responsable voyageurs

Unité 10

🎧 **Dans un car de touristes, le guide donne des informations.**

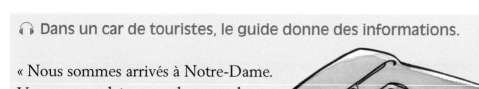

« Nous sommes arrivés à Notre-Dame.
Vous pouvez laisser vos bagages dans
le car. Sur votre droite, vous voyez
la célèbre cathédrale gothique.
On l'a commencée en 1163,
et on l'a terminée au XIIIᵉ siècle… »

« Dans cette rue, se trouve la maison
de Balzac. L'écrivain est arrivé ici en 1840
et il y a vécu jusqu'en 1847.
Regardez bien les tableaux et les meubles,
en particulier le lit et le bureau.

Ensuite, vous avez trente minutes
pour déjeuner et après nous repartons… »

« Maintenant, je vous donne
le programme de l'après-midi :

– À 15 heures, la Pyramide
arrêt 15 minutes,

– À 15 h 15, le musée du Louvre,
arrêt 30 minutes.

– À 15 h 55, la Conciergerie,
arrêt 10 minutes.

– À 16 h 10,
la place Dauphine… »

Musée du Louvre

Notre-Dame

Entraînez-vous

1 « L'écrivain est arrivé ici... ».

a) 🎧 Écoutez et répétez :
– Vous êtes arrivés à quelle heure ?
– À 8 heures.
– Vous êtes venus en train ?
– Non, nous sommes venus en car.

b) Commentez la journée d'hier :

> **Samedi 14 mars**
>
> _9h_   Partons de Deauville
>
> _12h30_   Arrivons à Honfleur
> Allons au restaurant
>
> _15h_   Partons pour Étretat
>
> _16h_   Arrivons à Étretat
> Allons à la plage
>
> _17h_   Rentrons à Deauville

Le passé composé avec « être »

Le passé composé est formé avec l'auxiliaire « être »
pour certains verbes :

Je suis	allé(e)/venu(e)
Tu es	parti(e)
Il/Elle est	arrivé(e)/rentré(e)
Nous sommes	allé(e)s/venu(e)s
Vous êtes	parti(e)s
Ils/Elles sont	arrivé(e)s/rentré(e)s

Attention !
Avec « être »,
le participe passé s'accorde avec le sujet.

---

2 « Il y a vécu. »

Le pronom Y

Le pronom « y » remplace
un complément de lieu
(lieu où l'on est, lieu où l'on va).

Attention !
Il y va.
Il n'y va pas.
Il y est allé.

---

a) Observez :
J'ai une maison en Bretagne.
J'y vais en juin.
J'y reste trois mois.
L'année dernière, j'y suis resté deux mois.
En hiver, je n'y vais pas.

b) Répondez aux questions sur le modèle proposé :
Exemple : – **Vous passez vos vacances en Bretagne ?**
➜ _Non, cette année, je n'y passe pas mes vacances._
➜ _Oui, j'y passe mes vacances._

– Vous habitez à Paris ?
– Vous allez au cinéma ce soir ?
– Vous êtes à l'hôtel ?
– Vous restez à la maison ?

3 « En 1163... »

Les compléments de temps

Date
Le 3 mai 1985
En 1985, au XXe siècle
Au mois d'avril
En été, en hiver

Durée
Deux jours (mois, ans)
Pendant deux jours (mois, ans)
De lundi à mercredi
Du 1er mars au 1er juin

a) Observez :
Nous sommes partis...
le 21 juin 1998
en 1998
au mois de juin

cinq jours
pendant cinq jours

de jeudi à lundi
du jeudi 21 juin au lundi 25 juin

b) Commentez ce programme en utilisant des compléments de temps.

WEEK-END DU 1ER MAI À VENISE

Départ le vendredi 29 avril
Retour le lundi 2 mai
Tél. : 05 93 42 64 85

Vous partez...

LE PUY-EN-VELAY

A Au sud-est du Massif central, **Le Puy-en-Velay** est un site exceptionnel. Venez découvrir sa cathédrale, son musée d'art, la haute-ville avec ses rues étroites, ses escaliers et ses maisons anciennes. Plus de 600 000 visiteurs y passent chaque année.

TOULOUSE

C **Toulouse,** rose et douce, a le charme particulier des villes du Sud. On peut y découvrir le Capitole, magnifique bâtiment du XVIIIe siècle, la très grande église Saint-Sernin, commencée au Moyen Âge, et se promener dans ses jolies rues aux maisons anciennes. C'est aussi une ville très connue pour sa gastronomie. En été, on peut y écouter des concerts de jazz et de musique classique.

SAINT-MALO

B Pendant un week-end à **Saint-Malo,** vous avez le temps de faire une promenade sur les remparts pour voir la mer, de visiter les vieilles rues et d'admirer leurs belles maisons. Vous pouvez aussi découvrir ses grandes plages et son vieux port.

Entraînez-vous ·

1 Lisez ces informations touristiques et retrouvez la photo qui correspond à chacune.

1 et . . .   **2** et . . .   **3** et . . .

Vocabulaire

2 Les lieux.

a) Regardez ce dessin et indiquez par une flèche les mots suivants :
le château, la plage, l'église, des remparts, des escaliers, le port.

b) Dans chaque série, soulignez le mot qui ne va pas avec les autres.
Exemple : **un musée, une exposition, un hôtel, un centre d'art.**

- un château, une maison, une rue, un bâtiment, un théâtre.
- une église, une cathédrale, un magasin.
- une plage, un port, un escalier.

Grammaire

3 Les compléments de temps.

Complétez ce texte avec : en, le, de ... à ... , au, pendant, du ... au ...

Vous allez sur la Côte d'Azur ... été, il y a un Festival de jazz à Nice, ... 11 ... 19 juillet.
... mois de mai, à Cannes, on peut aller au Festival international du film. ... 1998, il a commencé ... 13 mai. ... douze jours, on a présenté les nouveaux films. Vous voyez, ... mai ... juillet, la Côte d'Azur est très agréable !

4 Le pronom Y.

Réécrivez ce texte en remplaçant les mots en gras par le pronom y. Attention à la place de y !

J'aime bien la Bretagne. Nous passons toutes nos vacances **en Bretagne.** Qu'est-ce qu'on fait ? Moi, j'aime la plage, et on fait de belles promenades **sur la plage.** Notre maison est à Saint-Brieuc. Vous connaissez ? La mer est très belle **à Saint-Brieuc** et les Bretons sont agréables. Alors je vais tous les ans avec plaisir **en Bretagne.**

5 L'accord du participe passé.

Assemblez les éléments pour faire des phrases :

Votre ami   est allée à Nice.
Sa femme   sont venues à la maison.
Mes amis   sommes allés en Espagne.
Nous   est parti en avion.
Leurs filles   sont arrivés à la gare.

6 Le passé composé.

Mme Leroux a passé un week-end à Bordeaux. Racontez son week-end au passé composé. Utilisez les verbes entre parenthèses.
Exemple : **Départ en T.G.V. (partir)**
➔ *Je suis partie en T.G.V.*

Voyage pendant 3 heures (voyager)
Arrivée à Bordeaux le matin (arriver)
Visite : le musée d'Aquitaine (visiter)
Achat de vin dans une cave (acheter)
Déjeuner dans la vieille ville (déjeuner)
Promenade dans le quartier des Chartrons (faire une promenade)
Visite : le musée des Beaux-Arts (aller)
Train pour Paris à 20 h 42 (prendre)
Arrivée à Paris à 23 h 45 (arriver)

Phonétique

Le son /o/ comme dans g**au**che
et le son /ɔ/ comme dans d**o**nne.

1 🎧 Écoutez et mettez une croix quand
vous entendez le même son.

	a	b	c	d	e	f
DIFFÉRENT						
IDENTIQUE						

2 🎧 Écoutez et mettez une croix quand
vous entendez le son /o/ comme dans
gauche.

	a	b	c	d	e	f	g	h
/o/								

3 🎧 Écoutez et répétez :

/o/

C'est gros.
C'est beau.
C'est de l'eau.
C'est un hôtel moderne.
Ce chapeau est drôle.
C'est un gâteau au chocolat.

/ɔ/

C'est fort.
C'est d'accord.
C'est de l'or.
C'est une bonne note.
J'adore cette robe.
Personne au téléphone.

/o/ /ɔ/

J'adore notre hôtel.
C'est un beau château fort.
Après la poste, tournez à gauche.
Il est mort en novembre 1914.
Paul est sportif : il fait du vélo et du football.
Tu as apporté tes photos ?
Il faut sortir du port.

Graphie

4 Complétez ces phrases par o, au **ou** eau :

Sur le p. . . rt de Saint-Malo, on peut se pr. . . mener
. . . b. . . rd de l'. . . .
Ce chap. . . est b. . . . Il va bien avec ta r. . . be
j. . . ne et tes nouvelles ch. . . ssures.
Mets ton mant. . . . . . jourd'hui.

> **Attention !**
> « o » + « u » s'entend /u/
> « o » + « i » s'entend /wa/
> « o » + « n » s'entend /õ/

5 🎧 Dictée…

Écouter

6 🎧 Écoutez chaque partie de cet enregistrement puis remplissez la grille.

	Ils partent quand en vacances ?	Comment partent-ils ? (train, voiture, avion)	Où habitent-ils pendant les vacances ? (hôtel, maison de famille, maison de location)	Ils partent seuls, en famille, en voyage organisé ?	Chaque année, ils vont dans le même lieu pour les vacances ?	Qu'est-ce qu'ils font pendant les vacances ?
MARCO VAZ	. . .	. . .	. . .	. . .	. . .	. . .
MME LEROUX	. . .	. . .	. . .	. . .	. . .	. . .
CÉCILE LEMERCIER	. . .	. . .	. . .	. . .	. . .	. . .
ANTOINE MARTIN	. . .	. . .	. . .	. . .	. . .	. . .

Parler

7 M. Chardin veut partir en week-end mais il n'a pas choisi la ville où il veut aller.
Il va à la Maison des Régions de France pour demander des informations sur Saint-Malo
et Toulouse. Regardez les informations de la page 82 et imaginez le dialogue.

Lire

8 Lisez ce texte.

> ### La maison de Claude Monet, le grand peintre impressionniste, se trouve à Giverny en Normandie. En 1980, c'est devenu le Musée Claude Monet.
>
> Le chef de l'école impressionniste a habité dans cette jolie maison rose de 1883 à 1926. Elle a gardé son décor et son charme d'autrefois. L'atelier de Claude Monet, sa chambre, sa cuisine et sa salle à manger sont restés identiques. On peut y admirer sa très belle collection de peintures japonaises.
>
> Les jardins aussi sont restés semblables aux tableaux de Claude Monet, avec leurs célèbres *Nymphéas*. Les couleurs des fleurs et des arbres sont une véritable merveille au printemps et à l'automne. Il faut aussi faire une promenade dans le jardin d'eau avec son ravissant pont japonais sur l'Epte, une toute petite rivière.
>
> LE MUSÉE EST OUVERT TOUS LES JOURS DE 10 H À 12 H ET DE 14 H À 18 H DU 1ER AVRIL AU 31 OCTOBRE. LES JARDINS SONT OUVERTS TOUTE LA JOURNÉE DE 10 H À 18 H. FERMETURE LE LUNDI.

Puis mettez une croix devant les phrases vraies.

a) ☐ La maison de Claude Monet est en Normandie.
b) ☐ Claude Monet a fait des peintures japonaises.
c) ☐ Il habite maintenant dans cette maison.
d) ☐ Sa maison a beaucoup changé.
e) ☐ On ne peut pas visiter sa maison.
f) ☐ On peut visiter ses deux jardins.
g) ☐ Dans le jardin d'eau, il y a un pont japonais.

h) ☐ Il y a une rivière à côté de sa maison.
i) ☐ Claude Monet a fait des peintures de son jardin.
j) ☐ On peut visiter le musée 7 jours sur 7.
k) ☐ Le musée ferme à l'heure du déjeuner.
l) ☐ En hiver, on peut visiter la maison mais pas les jardins.

Écrire

9 Finalement, M. Chardin est allé à Strasbourg. À la gare de Strasbourg, il écrit à Robert Petit pour lui raconter ce qu'il a fait. Écrivez sa carte postale et utilisez les notes de son carnet.

SAMEDI

9H • Arrivée Strasbourg samedi matin en train Visite/cathédrale

12H • Déjeuner dans un restaurant de gastronomie alsacienne : la choucroute

13H • Après-midi, promenade dans le vieux quartier (La Petite France)

DIMANCHE

10H • Dimanche matin : visite du Palais Rohan

15H • Après-midi : promenade sur la rivière

23H • Départ train/Paris le soir tard.

Unité 11

🎧 M. et Mme Combes entrent dans une agence de location de voitures.

M. Combes – Bonjour monsieur.

Vendeur 1 – Bonjour messieurs dames.

M. Combes – Nous voudrions louer une voiture pour ce week-end.

Vendeur 1 – Quel type de voiture souhaitez-vous ?

M. Combes – Une petite voiture.

Vendeur 1 – Un instant, je vais demander. Qu'est-ce qu'il nous reste comme petits modèles ?

Vendeur 2 – Il nous reste une 5 CV, une Twingo.

Vendeur 1 – Une Twingo, ça vous convient ?

M. Combes – Oui, une Twingo, c'est très bien.

Vendeur 1 – Vous choisissez quelle formule ? Kilométrage ou forfait ?

M. Combes – Kilométrage. Pour moi, c'est toujours le plus avantageux.

Vendeur 1 – Bien, je vais vous préparer le contrat. Il me faut votre permis de conduire et votre carte de crédit.

Mme Combes – Attendez, très important : la Twingo est de quelle couleur ?

Vendeur 1 – Elle est blanche, madame.

Mme Combes – Ah, dommage, j'aimerais mieux une Twingo verte ; mes bagages sont verts !

Vendeur 1 – Désolé, madame, ici, c'est une agence de location de voitures, pas un magasin de mode ! ∎

Entraînez-vous •

1 « Je vais demander… »

a) Observez :

– Je prends toujours le train mais aujourd'hui, je vais prendre la voiture.

> **Le futur proche**
>
> Pour marquer un fait futur, on emploie le verbe « aller » + un verbe à l'infinitif.
>
> Je vais acheter
> Tu vas acheter
> Il va acheter…

b) Transformez sur ce modèle :

– Mettre une robe bleue/mettre une robe rouge (je)
– Boire de l'eau/boire du vin (nous)
– Louer des petites voitures/louer une Mercedes (vous)
– Prendre l'avion/prendre le train (ils)
– Partir seule/partir avec des amis (elle)

2 Quel type de voiture ?
Elle est de quelle couleur ?

LES INTERROGATIFS		
	MASCULIN	FÉMININ
Singulier	Quel	Quelle
Pluriel	Quels	Quelles

a) Observez :

– Ce modèle est à quel prix ?
– Vous proposez quels contrats ?
– Il vous reste quelles couleurs ?
– Vous travaillez dans quelle agence ?

b)Dans un restaurant, posez des questions au serveur sur : le prix du menu, les entrées, le plat du jour, le dessert, la boisson.

MENU 8 EUROS

entrée ou dessert

ENTRÉE
jambon
pâté de campagne
salade

PLAT DU JOUR

DESSERT
gâteau au chocolat
tarte
glace

3 « C'est le plus avantageux… »
a) Observez :

LA MINI
une petite voiture
une voiture puissante,
rapide, économique

La mini c'est le modèle le plus petit, et la voiture la moins chère.

> **Les superlatifs**
>
> le plus
> la plus ⎫ + adjectif
> les plus ⎭
>
> le moins
> la moins ⎫ + adjectif
> les moins ⎭

> **Attention !**
> Ce restaurant est bon.
> → C'est le meilleur restaurant.
> C'est la meilleure table.

b) Faites des phrases à partir de ce tableau.

Exemple : *La Toyota est la voiture la plus puissante ; la Suzuki est le modèle le moins puissant.*

MODÈLE	PUISSANCE	VITESSE MAXI	CONSOMMATION	PRIX
Opel	115 ch	157 km/h	13 l/100 km	19 803 €
Toyota	129 ch	183 km/h	10 l/100	21 007 €
Suzuki	95 ch	158 km/h	11 l/100	19 178 €
Peugeot	110 ch	165 km/h	10 l/100	19 971 €

VOLVO

"LES FEMMES, LES ENFANTS, LES HOMMES, LE CHIEN ET LES VALISES D'ABORD."

❶

MON ASSURANCE AUTO

Le meilleur

prix étudiant

avec Campus

VOUS CHERCHEZ LE MEILLEUR PRIX POUR VOTRE ASSURANCE AUTO

❷

LOCAUTO

Vous rêvez de partir pour les pays les plus lointains, de découvrir les plus beaux monuments, de voir les plus belles plages ! Bref, vous voulez PARTIR.

LOCAUTO est à votre disposition. Quel modèle ? Pour quelle durée ? Avec quel budget ?

LOCAUTO répond à toutes vos questions et à tous vos désirs.

Du modèle le plus luxueux au plus économique, nous pouvons tout vous proposer.

Une règle : les modèles les plus sûrs et les prix les plus intéressants.

Nous sommes présents dans plus de cent pays, en Europe et aux États-Unis.

Réservez dès aujourd'hui le véhicule de votre choix : assurance, entretien, nous nous occupons de tout.

LOCAUTO pour vous faciliter la vie !

❸

1 Publicités.

Mettez une croix dans la bonne colonne.

	PUB 1	PUB 2	PUB 3
assurance			
voiture			
location			

Vocabulaire

2 La voiture.

a) Complétez ces phrases avec les mots suivants : location, permis de conduire, forfait, contrat, kilométrage.

● Pour louer une voiture ou un appartement, il faut faire un . . . de location.

● Cette voiture n'est pas vieille mais elle a fait plus de 120 000 kilomètres. Son . . . est très important, je ne la prends pas.

● Si vous habitez dans une grande ville, c'est plus intéressant d'avoir une voiture de . . . que d'acheter une voiture.

● Pour conduire une voiture en France, il faut avoir le . . . . On peut passer cet examen à 18 ans.

● Si vous choisissez le . . . , le prix est identique, même quand vous faites beaucoup de kilomètres.

b) Associez les éléments qui vont ensemble :
1 • Cette Renault fait 4,5 l/100 km
2 • La BMW roule à 210 km/h.
3 • Cette voiture coûte 6 403 €.
4 • La Peugeot a 120 cv.
5 • La Twingo fait 3,45 m de long.

a • Elle est très rapide.
b • Elle est puissante.
c • Elle est économique.
d • Elle est petite.
e • Elle est bon marché.

Grammaire

3 Quel, quelle, quels, quelles.

Kamel Charfaoui a passé une petite annonce pour vendre sa voiture. Une personne lui téléphone.
Posez les questions correspondant à ses réponses. Utilisez les mots entre parenthèses.

– (année) . . . ?
– Ma voiture, elle est de 1997, ce n'est pas un vieux modèle.
– (kilométrage) . . . ?
– Elle a fait 59 000 kilomètres. Ce n'est pas beaucoup.
– (consommation) . . . ?
– Elle fait du 10 litres aux 100.
– (couleur) . . . ?
– Elle est grise.
– (prix) . . . ?
– Je la vends 7 318 euros.
– (jour) . . . ?
– Vous pouvez venir tous les jours.
– (coordonnées) . . . ?
– Je suis M. Charfaoui et j'habite 15 avenue de la Poste à Rennes.

4 Le, la, les plus/moins.

Écrivez des textes de publicités pour deux voitures différentes. Utilisez les mots suivants :

a) (économique)
(petite)
(chère)

b) (sûre)
(puissante)
(rapide)
(économique)

5 Le futur proche.

Réécrivez ce texte au futur proche.

« Projets de vacances »
« Nous avons des vacances dans deux semaines.
Michel part avec les enfants en voiture.
Moi, je reste à Rennes huit jours de plus.
Je prends le train, et Michel vient me chercher à la gare de Dol. L'année dernière, nous sommes allés à l'hôtel mais cette année, nous prenons une location. C'est plus avantageux. Vous venez nous voir ? »

Phonétique

Le son /v/ comme dans **v**ert
et le son /b/ comme dans **b**lanc.

1 🎧 Écoutez et mettez une croix quand vous entendez le même son.

	a	b	c	d	e	f	g
DIFFÉRENT							
IDENTIQUE							

2 🎧 Écoutez et mettez une croix quand vous entendez le son /v/ comme dans **v**ert.

	a	b	c	d	e	f	g	h
/v/								

3 🎧 Écoutez et répétez :

/b/

C'est bleu et blanc.
Un bain c'est bon.
Je t'embrasse.
Tu bois de la bière ?
C'est une belle blonde aux yeux bleus.

/v/

Il est vieux.
Vous voulez du vin ?
C'est une invitation pour vendredi.
Elle voudrait voyager.
J'ai vu Valérie en avril.
C'est une voiture neuve.

/b/ /v/

C'est un beau vélo.
J'ai trouvé une veste blanche.
Il y a beaucoup de voitures sur le boulevard.
Ce bleu et ce vert vont bien ensemble.
C'est vrai, Sabrina travaille en novembre.
Je voudrais une bouteille de vin blanc.

Graphie

4 🎧 Dictée…

Écouter

5 🎧 Écoutez ces deux enregistrements puis mettez une croix devant les phrases vraies.

Enregistrement n° 1 :

a) ☐ Le commissariat de police téléphone.
b) ☐ Une personne téléphone à la préfecture de police.
c) ☐ Cette personne écoute la messagerie vocale.
d) Dans ce bureau, on peut avoir :
    ☐   une carte d'identité.
    ☐   une carte d'étudiant.
    ☐   un permis de conduire.
    ☐   une carte grise.
e) ☐ Pour avoir ces papiers, il faut écrire au service des renseignements papiers.
f) ☐ Les bureaux sont ouverts du lundi au samedi.
g) ☐ Les bureaux sont ouverts de 8 h à 6 h 30.
h) ☐ On ne donne pas l'adresse de la préfecture.
i) On peut téléphoner au : ☐ 07 36 67 00 00
    ☐ 05 26 67 50 00
    ☐ 05 36 67 50 00

Enregistrement n° 2 :

a) ☐ La personne appelle une agence de location de voitures.
b) ☐ Il faut venir chercher les voitures à l'agence.
c) ☐ Cette agence loue seulement des voitures de catégorie A.
d) ☐ Le prix pour une semaine est plus avantageux que pour une journée.
e) ☐ Il faut appeler un peu plus tard.

Notez le numéro de téléphone de cette agence de location :

....

Parler

6 Nicolas Vasseur va dans un magasin Citroën pour acheter une voiture.
Il aime bien la Saxo blanche.
Imaginez le dialogue entre Nicolas et le vendeur.

FICHE TECHNIQUE	
▮ **Modèle :**	Saxo (Citroën)
▮ **Année :**	1996
▮ **Puissance :**	4 cv
▮ **Vitesse maxi :**	150 km/h
▮ **Consommation :**	7l/100 km
▮ **Couleur :**	blanche
▮ **Kilométrage :**	40 000 km
▮ **Prix :**	5 336 €

Lire

7 Lisez ces deux annonces publicitaires puis cochez les phrases vraies.

SOCIÉTÉS PRIVÉES DE SERVICES ADMINISTRATIFS

JAMES
TÉL. : 01 42 37 50 98
Lundi- samedi : 9 h-19 h. Durée : 2 j.

C'est long deux heures à la préfecture de police pour avoir un papier administratif comme une carte grise ou un permis de conduire ! Justement, James peut le faire pour vous. Ça coûte seulement 27 € par document. Vous pouvez aussi prendre un abonnement (114 € pour une année) : avec l'abonnement, ça fait 23 € par papier. Et si vous voulez un chauffeur, vous pouvez l'avoir pour 30 € de l'heure !

ASSISTANCE-DÉMARCHES
Tél. 01 41 87 36 97

LUNDI-VENDREDI : 9 H-18 H 30. DURÉE MINI : 3 H.
IL FAUT BEAUCOUP DE TEMPS POUR FAIRE DES PAPIERS
(CARTE GRISE, PERMIS DE CONDUIRE,
CHANGEMENT DE NUMÉRO D'IMMATRICULATION...),
AVOIR DES INFORMATIONS JURIDIQUES.
UN COURSIER PEUT VENIR CHEZ VOUS POUR PRENDRE TOUS LES DOCUMENTS NÉCESSAIRES. DANS LA JOURNÉE (POUR 53 €) OU DEUX JOURS APRÈS (POUR 23 €) VOUS ALLEZ AVOIR VOS PAPIERS CHEZ VOUS.

a) ☐ James et Assistance-Démarches sont des sociétés publiques et gratuites.

b) ☐ Ces deux structures proposent des services administratifs.

c) ☐ Ces deux structures font des cartes grises.

d) ☐ En France, c'est la préfecture de police qui donne les permis de conduire.

e) ☐ James travaille plus longtemps que Assistance-Démarches.

f) ☐ Assistance-Démarches a les prix les plus avantageux.

g) ☐ Avec un abonnement, James est la moins chère des deux sociétés.

Écrire

8 Nicolas Vasseur a acheté la Saxo. Il est très content et il envoie un message Internet à son copain Hugo pour lui parler de sa voiture. Écrivez le message et la réponse.

Unité 12

🎧 Philippe et Brigitte Combes sont en vacances au bord de la mer. Il pleut.
La mère de Brigitte est à Nice. Elle téléphone.

La mère – Allô, l'Hôtel de la Plage ?

La réceptionniste – Oui, c'est bien ça.

La mère – Je voudrais parler
à M. et Mme Combes, s'il vous plaît.

La réceptionniste – Ne quittez pas,
je vous passe leur chambre.

La mère – Allô, Brigitte…
c'est maman. Ça va bien ?

Brigitte – Tout va bien,
mais jusqu'ici,
malheureusement,
il n'a pas fait très beau.
Le premier jour, on a eu
un peu de soleil, mais ensuite
il a plu. Il y a même eu
des orages ! Et il ne fait pas
très chaud.

La mère – Comme c'est bizarre !
Vous n'avez pas de chance !
Nous, on est arrivés à Nice hier.
Ici, il fait un temps magnifique :
25° à l'ombre ! Alors, vous allez
bientôt rentrer à Rennes ?

Brigitte – Non, pas du tout. On va se promener, on va découvrir la région.

La mère – Sous la pluie ?

Brigitte – Il va peut-être faire beau…

La mère – En Bretagne, ça m'étonnerait… ! Alors qu'à Nice…

Brigitte – Oui, je sais ! Tu m'as déjà dit : À Nice, il fait toujours beau !

La mère – Eh bien, justement, tu vois, ce soir on va dîner dans le jardin
parce qu'il fait très chaud.

Brigitte – Et nous, on va passer la soirée devant la télé !

La mère – Ah, bon ! Heureusement, vous avez la télé ! ■

 **Entraînez-vous** •

1 « Allô, je voudrais parler à... »

Formules téléphoniques

Je voudrais parler à...
Je peux laisser un message ?
Dites que j'ai appelé.
Qui est à l'appareil ?
De la part de qui ?
Ne quittez pas !
Désolé(e), il est en ligne.
Vous pouvez rappeler un peu plus tard
Je vous le passe...

a) 🎧 Écoutez et observez :

– Allô, bonjour madame, je voudrais parler
à Martin.
– Désolée, il est sorti. Je peux lui laisser
un message ?
– Non, je vais rappeler. Merci.

– Allô, *Ouest-Infos* ?
– Oui, bonjour monsieur
– Je voudrais parler à Nicolas Vasseur,
s'il vous plaît.
– De la part de qui ?
– De Hugo, Hugo Leroi.
– Ne quittez pas, je vous le passe.

– Société Dupain, bonjour !
– Bonjour, je peux parler à Sabrina Charfaoui ?
– Désolée, elle est en ligne, vous voulez laisser
un message ?
– Oui, dites que Jacques a téléphoné.

b) Complétez ces dialogues :

– Allô. Bonjour monsieur, . . . Michel.
– Désolé, il n'est pas là. . . . ?
– Nicolas Durand.
– . . . ?
– Oui, dites que Nicolas Durand a téléphoné.

– Allô, bonjour mademoiselle, je voudrais parler à
madame Lefort.
– Ne quittez pas, . . .
– Madame Lefort, bonjour, c'est Anne Dubois.

2 Heureusement.../Malheureusement...

a) Observez :
Malheureusement, il n'y a pas de glaces.
Heureusement, j'ai des jus de fruits !

b) Faites un commentaire :
. . . il pleut ! On n'a pas de chance.
. . . il fait beau ! C'est agréable.
. . . j'ai une voiture pour partir.
. . . sa voiture est au garage. Il doit prendre le train.

3 Il n'a pas fait beau/Il va faire beau.

LES COMPLÉMENTS DE TEMPS	
PASSÉ	**FUTUR**
Jusqu'ici	Bientôt
Jusqu'à aujourd'hui	À partir d'aujourd'hui
Jusqu'à maintenant	À partir de maintenant
Hier	Demain
La semaine dernière	La semaine prochaine
Le mois dernier	Le mois prochain
L'année dernière	L'année prochaine
	Dans huit jours

a) Observez :
– Qu'est-ce que vous allez faire demain ?
– Demain matin, je vais visiter le château et
l'après-midi, je vais faire une promenade dans les
vieilles rues.
– Qu'est-ce que vous avez fait jusqu'ici ?
– Jusqu'à maintenant, je suis allé à la plage et j'ai
lu des magazines.

b) Remplacez je **par** nous. **Puis remplacez** je **et**
vous **par** ils.

c) Transformez ces phrases et mettez-les au
futur proche, avec les compléments de temps
qui conviennent.
– Le mois dernier, nous avons fait un voyage.
– Je suis allée chez le dentiste la semaine
dernière.
– Mercredi dernier, ils ont pris leurs billets pour
le Mexique.
– Vous avez regardé la télévision hier soir ?

Samedi 13 juin

Aujourd'hui

Du nord à la Bretagne, il y a eu de nombreuses pluies. Sur le Bassin parisien et en Normandie, les averses et quelques éclaircies ont remplacé les pluies, mais le ciel est resté très nuageux dans l'ensemble.

Des Pyrénées au sud du Massif central, la matinée a été agréable, mais des orages ont éclaté l'après-midi.

Les températures, fraîches pour la saison, ont varié de 12° à 16° le matin. Plus douces l'après-midi, elles ont atteint 20° à Toulouse.

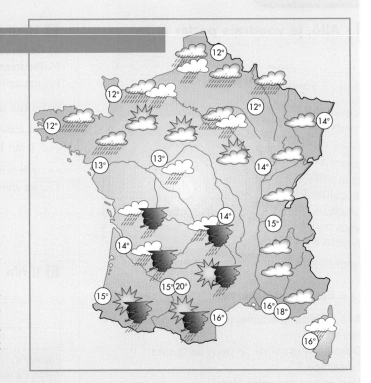

Demain

Sur l'ouest du pays, le temps va rester nuageux. Des averses vont se produire l'après-midi.

Dans le sud-est, des orages vont éclater le matin mais le soleil va briller dans l'après-midi.

Les températures vont atteindre 8° à 16° le matin, et de 16° à 25° l'après-midi.

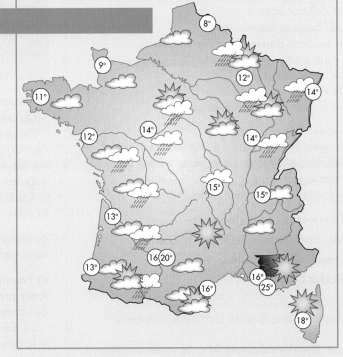

 pluies

 averses

 éclaircies

 soleil

 nuages

 orages

Entraînez-vous

1 Il a fait quel temps aujourd'hui ?

Complétez cette grille :

	DANS LE NORD	EN NORMANDIE	DANS LES PYRÉNÉES
Le matin	. . .	. . .	. . .
L'après-midi	. . .	. . .	. . .

Vocabulaire

2 La météo.

Assemblez ces phrases et ces symboles météo. Il y a deux phrases pour chaque symbole.

1   **2**   **3**   **4**   **5**

Il y a des nuages.

Il y a une averse.

Le soleil brille.

Un orage éclate.

Il a plu un peu.

Il y a du soleil.

Il pleut.

Il y a de la pluie.

Le ciel est nuageux.

Il y a un orage.

Grammaire

3 Les prépositions.

Complétez ce petit texte par : de, du, en, dans le/les, au **ou** à.

. . . Sud, il a fait beau mais . . . Normandie, il y a eu des averses.

. . . Marseille, il a fait très chaud.

. . . Bassin parisien . . . Massif central, le ciel est resté nuageux.

. . . Pyrénées, il y a eu du soleil. Les températures ont varié . . . 17° . . . 22° l'après-midi.

4 Passé composé/futur proche.

À partir des indications suivantes, faites un commentaire météo au passé composé, puis au futur proche.

Matin : temps frais

À midi : averse
          gros orage

Après-midi : soleil
             temps agréable

Soirée : températures douces

Hier matin : . . .

Demain matin : . . .

Phonétique

Le son /r/ comme dans soirée
et le son /l/ comme dans télé.

1 🎧 Écoutez et mettez une croix quand
vous entendez le même son.

	a	b	c	d	e	f	g
DIFFÉRENT							
IDENTIQUE							

2 🎧 Écoutez et mettez une croix
quand vous entendez le son /r/ comme
dans soirée

	a	b	c	d	e	f	g	h	i	j
/r/										

3 🎧 Écoutez et répétez :

--- /r/ ---

On rit.
C'est rond.
C'est grand.
Vous êtes brunes ?
Tu es riche.

--- /l/ ---

On lit.
C'est long.

C'est lent.
Elle est blonde ?
Elles sont jolies.

--- /r/ /l/ ---

une couleur
la chaleur
le couloir
Il parle anglais.
Elle a mal au bras.
Elle a lu ce journal ?
Cette robe a la bonne longueur.
Ce pantalon est trop grand.
Il regarde la télé.
Elle a adoré votre soirée.
C'est bizarre, il pleut !
C'est un chanteur célèbre.

Graphie

4 Complétez ces mots par l ou ll :

– À que. . .e heure je peux t'appe. . .er ?

– Appe. . .e-moi avant midi.

– Que. . . âge a cette be. . .e femme ?

– Dans que. . . hôte. . . a. . .ez-vous ?

– Nous avons . . .oué à l'hôte. . . de la P. . .age.

– Mattias est a. . .emand mais Brigitte Combes

est be. . .ge.

5 🎧 Dictée…

Écouter

6 🎧 Écoutez ce bulletin météo pour la journée du 14 juin et placez les symboles
sur la carte. Indiquez aussi les températures.

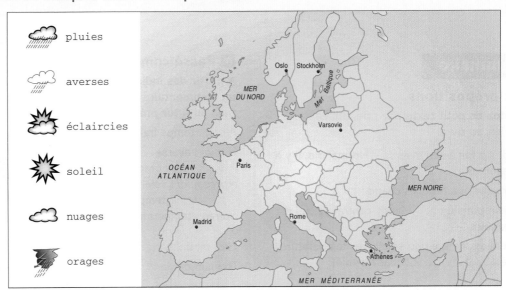

Parler

7 Litza est à La Rochelle. Samedi soir avant d'aller au concert, elle téléphone à Mme Lemercier pour lui dire que tout va bien. Elle lui raconte sa journée et ses projets pour dimanche. Imaginez leur conversation téléphonique.

Voici quelques indications notées dans son agenda :

– Arrivée samedi matin/gare de La Rochelle/ ciel nuageux
– Poser bagages hôtel/Promenade sur le vieux port
– Déjeuner au soleil dans quartier historique
– Après-midi : visite musée d'art/pluie
– Dîner/bon restaurant du quartier historique/Concert rock/soirée agréable
– Dimanche matin : plage/soleil/beau temps
– Visite des tours (Moyen Âge)/ vieux port
– Train de retour en fin d'après-midi.

Lire

8 Véronique Leguen passe une semaine dans un club de vacances en Corse. Elle écrit à son amie Monique Leroux.

Lisez la lettre de Véronique et complétez son emploi du temps de la semaine. Notez aussi quelques indications météo.

Jeudi 6 juillet

Ma chère Monique

La Corse c'est super. Dimanche quand je suis arrivée, il y a eu une grosse averse, mais depuis, il fait un temps magnifique.
Lundi matin, je suis allée à la plage ; l'après-midi j'ai pris un cours de tennis.
J'ai rencontré des gens sympathiques et on dîne ensemble.
Mardi, je suis allée au marché. Hier matin, j'ai visité un vieux village avec mes nouveaux amis. Ce matin je me repose dans le jardin du club.
Il fait très très chaud et le ciel est nuageux. Demain soir, on va avoir une grande fête.
Samedi avant de partir, je vais aller faire quelques courses. Demain matin, on va faire une promenade en mer. On va prendre un pique-nique parce qu'on va partir toute la journée.
J'espère que tu vas bien et que tu n'as pas trop de travail.
Je te téléphone quand je rentre.
Je t'embrasse.
Véronique

	DIMANCHE	LUNDI	MARDI	MERCREDI	JEUDI	VENDREDI	SAMEDI	DIMANCHE
matin	…	…	…	…	…	…	…	…
après-midi	…	…	…	…	…	…	…	…
soir	…	…	…	…	…	…	…	…
météo	…	…	…	…	…	…	…	…

Écrire

9 Litza passe un week-end à La Rochelle avec une amie d'Athènes. Dimanche matin, elles vont à la plage et Litza écrit une carte postale à Nicolas Vasseur qui est devenu un de ses amis. Écrivez sa carte.

VOUS CONNAISSEZ...

1 Le passé composé

Mettez ces phrases au passé composé (être/avoir) :

1 • Je parle à Patrick.
2 • Attention ! Tu oublies tes clés !
3 • Nous écrivons une lettre de remerciement.
4 • Ils prennent un rendez-vous.
5 • Quand nous arrivons sur le port,
   nous découvrons un site magnifique.
6 • Vous voyez le vieux port.
7 • Tu prends le train.

8 • Vous arrivez à Paris-Montparnasse.
9 • Ils rentrent à quelle heure ?
10 • Il pleut.
11 • Paul sort à 7 heures.
12 • Elle va à Londres dimanche.
13 • Vous mettez cette robe ?
14 • Tu attends dix minutes.
15 • Tu te promènes dans le jardin.

2 Le futur proche

Mettez les phrases au futur proche :

1 • Il vient par le train.
2 • Tu prends un taxi ?
3 • Elle part en voyage.
4 • Nous nous promenons dans le quartier.
5 • Vous choisissez ce circuit ?
6 • On découvre les vieilles rues.
7 • Vous connaissez cette région.

8 • Nous apprenons le français.
9 • Tu sais faire un chèque.
10 • Elle perd son temps.
11 • J'écris à mes amis.
12 • Nous attendons dans le salon.
13 • Elles sortent ce soir.

3 Les compléments de lieu

Complétez avec y, à, en, au, à l', aux, dans le/la/les :

1 • Nous aimons beaucoup l'Égypte : nous . . .
   allons tous les ans.
2 • Il y a un arrêt . . . château de Blois.
3 • Nous nous sommes promenés . . . ville.
4 • Nous allons . . . Mexique.
5 • Il y a eu des orages . . . nord du pays.
6 • Ils passent leurs vacances . . . îles Maldives.
7 • . . . Corse, il fait beau.

8 • Il va y avoir un orage . . . région de Toulouse.
9 • Ils vont habiter . . . Bordeaux, . . . centre-ville.
10 • Il pleut . . . Pyrénées.
11 • Ils ont pris un hôtel . . . centre de Nice.
12 • Je vais passer une semaine . . . Clermont-
   Ferrand . . . Massif central.
13 • Il fait plus doux . . . bord de la mer.
14 • . . . Méditerranée, les orages sont nombreux
   à cette saison.

4 Les compléments de temps (hier, aujourd'hui, demain...)

Commentez l'emploi du temps suivant :

DECEMBRE Jeudi 7 St.Hervé	Vendredi 8 St.Paul	Samedi 9 Ste.Julie
9 H. Rendez-vous avec M. Morel	10h30 Visite Musée d'Orsay	9h30 Tennis Alice
15H. Tél. Martine	12h30 déjeuner Pierre	14h Achat Pantalon pour Amélie
19H55, CINÉMA	17 h 15 Dentiste	20h30 Dîner Paul et Virginie

Nous sommes le 8 décembre, il est 8 heures du matin...

VOUS SAVEZ...

1 Raconter et situer dans le temps

Vous avez fait ce voyage. Vous le racontez.

WEEK-END À PARIS

Départ vendredi soir (autobus)
Arrivée Paris samedi matin.
Installation hôtel.
Visite tour Eiffel et musée d'Orsay.
Déjeuner place Saint-Michel
Après-midi, promenade dans le
quartier Latin
Soir théâtre des Champs-Élysées.
L'Amante anglaise

Dimanche matin :
visite musée du Louvre.
Déjeuner restaurant
quartier des Halles.
Après-midi libre.
Départ Paris : 22 heures
Arrivée Limoges : lundi 6 heures.

2 Décrire un lieu

Vous avez visité ces sites. Vous les décrivez.

❶

❷

❸

Bilan 3

3 Donner les caractéristiques d'une voiture

Décrivez cette voiture d'après sa fiche technique.

▮ **Modèle :**	Carros
▮ **Puissance :**	6 cv
▮ **Consommation :**	6 l/100 km
▮ **Vitesse maxi :**	140 km/h
▮ **Prix :**	7 927 €

4 Dire le temps qu'il fait, qu'il a fait, qu'il va faire

Donnez le bulletin météo de ces trois journées.

Hier : matin/pluies
après-midi/éclaircies 18°

Aujourd'hui : matin/soleil 22°
soir/orages

Demain : matin/nuages
après-midi/averses

5 Utiliser les formules téléphoniques

Complétez ces conversations téléphoniques par les formules qui conviennent :

Conversation n° 1 :
– Allô, bonjour mademoiselle, je voudrais parler à Mme Ledoux.
– ... ?
– Monsieur Legrand.
– Ne ... , je vous le passe.

Conversation n° 2 :
– Allô, Marie, salut, c'est Paul. Nicolas est là ?
– ... , il vient de sortir. ... ce soir ?
– D'accord. À bientôt !

Conversation n° 3 :
– Allô, Jean Dubois ... , je voudrais parler à M. Robert.
– Ah, je suis désolée, M. Robert est dans son bureau mais ... occupé. Je peux lui ... ?
– Non, je vais le rappeler un peu plus tard.

ÉCOUTER ET COMPRENDRE

1 Raconter un week-end

🎧 Deux amies au téléphone

Répondez aux questions suivantes :

1 • Où ont-ils passé le week-end ?
2 • Comment ont-ils voyagé ?

3 • Combien de temps le voyage a-t-il duré ?
4 • Quelle voiture ont-ils louée ?
5 • Quel temps faisait-il ?
6 • Qu'est-ce qu'ils ont fait le samedi dans la journée ?
7 • Où ont-ils déjeuné samedi ?
8 • Où sont-ils allés le soir ?
9 • Qu'est-ce qu'ils y ont fait ?
10 • Qu'est-ce qu'ils ont perdu ? Où ?
11 • Où ont-ils dormi ?
12 • Qu'est-ce qu'ils ont visité le dimanche ?

2 Raconter un incident

🎧 Vol de voiture

Écoutez et mettez une croix devant les bonnes réponses :

1 • On a volé la voiture :
❏ de cette femme.
❏ d'un ami de cette femme.

2 • Elle a stationné la voiture :
❏ à côté de chez elle.
❏ loin de chez elle.
❏ hier soir.
❏ ce matin.

3 • Cette voiture est :
❏ jaune et noire.
❏ noire.
❏ bleue.

4 • L'ami de cette femme habite :
❏ à Versailles.
❏ à Levallois-Perret.
❏ à Mimosa.

5 • La maison de cette femme est :
❏ loin du commissariat.
❏ derrière le commissariat.

6 • Son numéro de téléphone, c'est le :
❏ 01 44 38 58 06.
❏ 01 64 58 48 10.
❏ 01 64 58 38 06.

7 • La femme s'appelle :
❏ Louise Michel.
❏ Anne Lemoine.
❏ Annie Moine

8 • La femme va :
❏ revenir demain soir.
❏ téléphoner ce soir.
❏ repasser ce soir.

9 • Le commissariat ferme à :
❏ 17 h 30.
❏ 18 h 30.
❏ 19 h 30.

3 Raconter une histoire

🎧 Le musée d'Orsay

Écoutez cet enregistrement puis remettez ces phrases dans l'ordre de 1 à 8.

❏ Mais les trains sont devenus très rapidement plus longs et comme la gare était dans le centre de Paris, on l'a fermée.

❏ C'est François Mitterrand qui a ouvert le musée d'Orsay

❏ Pendant trente ans, les trains sont partis de cette gare pour aller vers le Sud-Ouest.

❏ En 1977, le président Valéry Giscard d'Estaing a décidé de garder le bâtiment de l'ancienne gare pour y installer un musée du XIXᵉ siècle.

❏ En 1970, on a voulu démolir la gare pour faire un grand hôtel mais les Parisiens ont refusé.

❏ Aujourd'hui, des milliers de visiteurs viennent y admirer les peintures des Impressionnistes.

❏ Elle est devenue ensuite un théâtre puis une salle des ventes.

❏ On a commencé la construction de la gare d'Orsay en 1898 et on l'a terminée en 1900.

PARLER

1 Décrire un objet perdu

Vous avez perdu votre portefeuille, ou un de vos bagages. Vous allez aux objets trouvés. Vous décrivez l'objet perdu, vous dites quand vous l'avez perdu.
Imaginez ce dialogue.

2 Louer une voiture

Vous voulez louer une voiture. Vous allez dans une agence. Vous expliquez quelle voiture vous voulez louer.
Imaginez ce dialogue.

3 Choisir une destination

Vous décidez de faire un voyage avec un (une) ami(e). Vous lui proposez plusieurs destinations. Vous discutez de ces destinations. Vous choisissez finalement un pays.
Imaginez ce dialogue.

4 Conseiller des visites

Un ami vient vous voir dans votre pays.
Il vous demande ce qu'il faut visiter.
Vous le lui indiquez.

5 Se renseigner sur les voyages

Vous allez dans une agence de voyages pour choisir un voyage. Vous vous renseignez sur les prix des séjours et sur les moyens de transport. Imaginez le dialogue.

6 Acheter un billet de train

Vous allez à la gare pour acheter un billet. Imaginez le dialogue, à partir des indications suivantes :
– Lyon/Paris
– Dimanche 22 septembre
– Dans la matinée
– 2ᵉ classe
– Non-fumeur
– Aller-retour
– 45 euros

ÉCRIRE

1 Inviter

Vous êtes en Sardaigne. Vous écrivez à des amis pour leur proposer de passer quelques jours avec vous.

2 Refuser et s'excuser

Des amis qui sont en vacances à l'étranger vous ont proposé de les accompagner. Vous leur envoyez un petit mot pour vous excuser de ne pas pouvoir les accompagner.

3 Raconter un voyage

Vous faites un voyage dans le site le plus connu de votre pays. Vous écrivez à des amis français pour leur raconter votre voyage.

ÉCRIRE

1 Rédiger une biographie

Rédigez la biographie des personnages suivants.
Choisissez celui que vous connaissez le mieux pour le présenter de façon plus précise.

COLETTE
Écrivain, actrice de music-hall, journaliste
1873 : naissance : St-Sauveur-en-Puisaye
1900-1903 : la suite des *Claudine*
(en collaboration avec Willy).
1920 : *Chéri*
1930 : *Fido*
1944 : *Gigi*
1954 : mort à Paris

SAINT-EXUPÉRY
Aviateur et écrivain.
- 1900 : naissance à Lyon.
- Romans :
Vol de nuit (1931)
Terre des hommes (1939)
Pilote de guerre (1942)
Le Petit Prince (1943)
Citadelle (posthume, 1948)
- 1944 : disparition au cours d'une mission aérienne.

2 Écrire un petit mot de conseil

Vous prêtez votre appartement à un ami de province. Vous lui conseillez deux restaurants parisiens que vous venez de découvrir.
À partir des indications suivantes, écrivez un petit texte sur chacun de ces restaurants en parlant :
– de ses qualités esthétiques,
– des plats qui vous ont plu,
– des prix.

ALBERT CAMUS
Écrivain de l'absurde, défenseur de l'humanisme.
- 1913 : naissance en Algérie
- Essais :
Le Mythe de Sisyphe (1942)
L'Homme révolté (1951)
L'Été (1954)
- Théâtre :
Caligula (1938)
Le Malentendu (1942)
Les Justes (1949)
- Romans :
L'Étranger (1942)
La Peste (1947)
La Chute (1956)
- Prix Nobel 1957
- 1960 : mort accidentelle.

"QUAI SUD"
le succès d'un pionnier

Ouverture : juin 1992.
Superficie : 600 m^2.
Capacité : 430 personnes l'été, 350 l'hiver.
Décor : grande surface ; exposition de photos ou de toiles suspendues ; vitres donnant sur la Seine l'hiver, beaucoup de bois.
Plats fétiches : thon rouge cru, huile de sésame (13 €) ; onglet grillé, os à moelle, sel de Guérande, gratin dauphinois (délicieux, 21 €).
Clientèle : d'affaires, au déjeuner (pub, TV, de la secrétaire au patron). Éclectique, parisienne et de l'Ouest parisien le soir.
Prix moyen à la carte : 38 € le soir, tout compris. Au déjeuner, formules à 14 € et 17 €. brunch le dimanche, très aimé des enfants.

Café Cortes

✕

Ouverture : avril 2000.
Superficie : 900 m^2.
Capacité : 250 couverts à l'intérieur, 250 couverts en terrasse.
Décor : gris, verre, aluminium.
Plats fétiches : on trouve le plus simple – tomates mozzarella (11 €), club-sandwich (11 €), tartare ou aller-retour aux herbes (14 €) – et le plus élaboré – foie de veau laqué au balsamique (20 €).
Clientèle : hétéroclite, nombreux étrangers en visite au Centre Pompidou.
Prix moyen tout compris : 53 €.

Votre ami est bien allé dans ces restaurants. Un des restaurants lui a plu, l'autre non. Il vous écrit pour critiquer la cuisine, l'ambiance, le service, le prix.

3 Envoyer un message sur Internet

Vous travaillez dans une agence de voyages. Vos amis vous ont demandé de leur trouver une formule de vacances.

a) Cédric a deux enfants. Il n'aime pas faire la cuisine. Il souhaite faire de la voile.

b) Violaine a un bébé. Elle veut rester en contact permanent avec son entreprise.

c) Stéphane n'aime pas les vacances sédentaires. Il aime être seul. Il adore la nature.

d) Isabelle aime les vacances culturelles. Elle déteste rester au même endroit. Elle part en couple (avec son mari).

e) Romain n'aime pas la solitude, mais il aime la nature et il est très sportif.

Vous avez trouvé les cinq formules suivantes, qui conviennent chacune à l'un d'entre eux :

❶ Guadeloupe

VOTRE SÉJOUR EN RÉSIDENCE
40 appartements de 60 m^2 composés de 2 chambres à 2 lits avec climatisation indépendante, une salle de bains, une kitchenette équipée pour 6 personnes, un séjour avec canapé-lit, téléphone direct, télévision, terrasse aménagée. Entretien quotidien des appartements. Prêt de lits bébé.
700 € par personne pour 9 jours/7 nuits.
Tarif enfant – de 2 ans : **91 €**

❷ France

LES RANDONNÉES LIBERTÉ FRANCE-EUROPE
Vous savez utiliser une boussole, lire une carte topographique, repérer les balisages sur le terrain. Vous voulez partir à la date de votre choix. Vous voulez profiter des meilleurs itinéraires sans souci d'organisation. Vous voulez y ajouter les spécialités régionales... Bref, vous aimez la liberté, l'aventure, partir sans contrainte et retrouver le contact avec la nature.

❸

LES RANDONNÉES ACCOMPAGNÉES
Si vous préférez être accompagné, découvrez les chemins de traverse de France, d'Europe et d'une partie du monde avec des accompagnateurs professionnels confirmés. Vous pouvez vous inscrire seul, en famille ou en groupe.

❹

Circuit en Jordanie
« carrefour d'Arabie »

7 jours/6 nuits d'hôtel à partir de

952 €
ou 101 € x 10

Coût du crédit : 5,8 €/mois

*par personne**

en chambre double (remise de 10 % déduite sur les tarifs publics)
* Comprenant : le vol aller-retour, le vol intérieur Aqaba/Amman, les transferts, le transport terrestre, l'hébergement en hôtel 3*, en pension complète sauf déjeuner du 6e jour à Aqaba, l'assistance de guides locaux francophones, les assurances assistance et rapatriement. Taxes d'aéroport et frais de visa en sus.

❺ Guadeloupe-Martinique

L'hôtel de LA BAIE DU GALLION est situé à 300 m de la plage sur la presqu'île de la Caravelle à la Martinique. C'est là que vous vous rendrez lors du séjour combiné Guadeloupe-Martinique que nous vous proposons, après 5 nuits au Domaine de Petite-Anse en Guadeloupe.

La Baie du Gallion
145 chambres et 4 suites, toutes équipées de : salle de bains, télévision, téléphone, coffre-fort, réfrigérateur ; climatisation individuelle. Certaines chambres sont communicantes pour le confort des familles. L'hôtel vous propose pour votre détente : restaurant, bar, piscine, salle de remise en forme, tennis éclairé, animations.
974 € par personne (9 jours/7 nuits)

Vous envoyez un message sur Internet à chacun de vos amis pour lui signaler la formule qui lui convient.

Unité 13

🎧 Brigitte Combes est à l'accueil du club de gymnastique.

Brigitte – Bonjour madame.

Hôtesse – Bonjour madame.

Brigitte – Je viens me renseigner sur les activités du club. Je voudrais m'inscrire.

Hôtesse – Alors, nous vous proposons : du yoga, de la gymnastique douce, de la musculation...

Brigitte – Oh, non, pas de musculation, c'est trop difficile ! De la gymnastique douce, peut-être...

Hôtesse – Vous en avez déjà fait ?

Brigitte – Euh, oui, un peu.

Hôtesse – Il y a longtemps ?

Brigitte – Oh, trois, quatre ans, peut-être plus.

Hôtesse – Et vous voulez en faire pour vous détendre ou pour maigrir ?

Brigitte – Euh, pour me détendre... enfin surtout pour maigrir.

Hôtesse – Alors, si vous voulez maigrir, avec de la gymnastique douce, il faut aussi suivre un régime.

Brigitte – Un régime ? ? ?

Hôtesse – Oui, depuis quelques mois nous avons un très bon diététicien.

Brigitte – Ah non, pas question. Si je viens ici, c'est justement pour ne pas suivre de régime. Je peux faire de la gymnastique ou un régime, mais pas les deux ! ■

Entraînez-vous

1 « Vous en avez déjà fait ? »

EN
Le pronom « en » remplace un complément précédé de : « du », « de la », « de l' », « des ».

Je mange du pain. de la viande. des fruits.	J'**en** mange.
Je fais du sport. de la voile.	J'**en** fais.

a) Observez :
– Vous faites de la gymnastique ?
– Oui, j'en fais souvent. J'aime beaucoup ça.

b) Posez des questions semblables pour :
le tennis, le football, le basket, la voile, l'équitation, le vélo.

Les sports

le tennis   le football

le basket   la voile

l'équitation   le vélo

c) Observez la place du pronom :
– Vous avez fait de la gymnastique ?
– Oui, j'**en** ai fait mais il y a longtemps.

d) Imitez et parlez d'autres sports.

2 « Je viens me renseigner... ».

LA CONJUGAISON DES VERBES PRONOMINAUX	
SE DÉTENDRE	S'INSCRIRE
Présent	*Présent*
Je me détends	Je m'inscris
Tu te détends	Tu t'inscris
Il/Elle se détend	Il/Elle/On s'inscrit
Nous nous détendons	Nous nous inscrivons
Vous vous détendez	Vous vous inscrivez
Ils/Elles se détendent	Ils/Elles s'inscrivent

a) Observez :
– Je voudrais m'inscrire à un cours de gym.
– Pour te détendre ?
– Oui et pour faire de la musculation.

b) Transposez ce dialogue avec elle et nous.

3 « C'est trop difficile ! »

a) Observez :
– Le cours de gymnastique fait 15 € de l'heure.
– C'est très cher mais je m'inscris.
– Le cours de yoga, c'est 38 € de l'heure.
– C'est trop cher pour moi. Je ne peux pas payer ce cours !

b) Faites des commentaires.

VOTRE GYMNASTIQUE

EXERCICE N° 1 : la « chaise »

Debout, vous imaginez une chaise derrière vous.

Pliez les genoux et baissez-vous pour vous asseoir. Levez-vous puis baissez-vous pendant une minute.

EXERCICE N° 2 : les « mini-pompes »

Vous vous levez sur vos bras tendus puis vous vous baissez et vous vous relevez. Vous faites cet exercice pendant une minute.

Vous vous couchez sur le ventre. Vous pliez les bras et vous levez les pieds. Vous gardez les jambes pliées. Vous posez vos mains par terre.

Quelques conseils :
– Vous devez vous échauffer en courant cinq minutes avant de commencer vos exercices.
– Il faut vous arrêter quand vous vous sentez fatiguée.

Entraînez-vous

Vocabulaire

1 Les positions.
Comment est-elle ?

Elle est assise.

Elle est debout.

Elle est couchée.

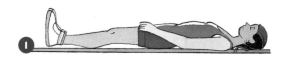

❶ ❷ ❸

2 Les mouvements.
Que fait-elle ?

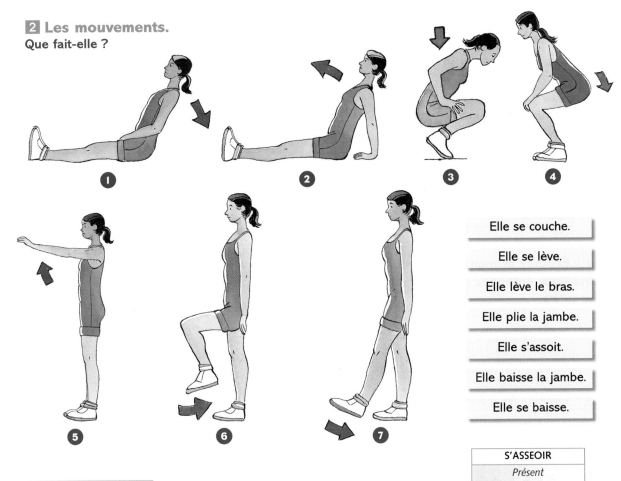

Elle se couche.

Elle se lève.

Elle lève le bras.

Elle plie la jambe.

Elle s'assoit.

Elle baisse la jambe.

Elle se baisse.

S'ASSEOIR
Présent
Je m'assois
Tu t'assois
Il/Elle s'assoit
Nous nous assoyons
Vous vous assoyez
Ils/Elles s'assoient

Grammaire

3 Du, de la, de l', de, d'.
Associez les éléments pour faire des phrases.

Vous faites
Vous ne faites pas

du
de l'
de la
de
d'

sport.
gymnastique.
équitation.
natation.
tennis.
volley.

4 Le, la, les, en.
Complétez par les pronoms : le, la, les, en.

– Vous faites du sport ?

– Non, aujourd'hui je n' . . . fais plus. Mais j'ai fait du football pendant longtemps.

– Ah bon, et vous aimez les matchs de foot ?

– Oh oui, je . . . regarde toujours à la télé.

– Tu écoutes la radio ?

– Oui, je . . . écoute tous les matins.

– Pas le soir ?

– Non, le soir, je préfère la télé. Je . . . regarde souvent. J'achète le programme de la télévision et je . . . lis dans le métro.

5 Les verbes pronominaux au présent.
Complétez par les verbes entre parenthèses.

Je (*se lever*) à 7 heures. À 9 heures, je vais au club de gymnastique. Je (*se renseigner*) et je (*s'inscrire*). À 11 heures, je (*s'arrêter*) et je (*se détendre*) dans le jardin. À 14 heures, je (*se préparer*) pour aller au musée.

6 L'impératif.
Mettez les phrases de l'exercice 2 à l'impératif.
Exemple : Elle se couche. → *Couche-toi./Couchez-vous.*

SE COUCHER	
Indicatif présent	*Impératif présent*
Tu te couches	Couche-toi
Vous vous couchez	Couchez-vous

Phonétique

Le son /v/ comme dans suivre
et le son /f/ comme dans difficile.

1 🎧 Écoutez et mettez une croix
quand vous entendez le même son.

	a	b	c	d	e	f	g
DIFFÉRENT							
IDENTIQUE							

2 🎧 Écoutez et mettez une croix
quand vous entendez le son /v/ comme
dans suivre.

	a	b	c	d	e	f	g	h
/v/								

3 🎧 Écoutez et répétez :

/v/

C'est vrai.
Elle est active.
Elle est sportive.
J'ai une nouvelle voiture.
Tu viens en avion ?

/f/

C'est frais.
Il est actif.
Il est sportif.
François a faim.
Il fait froid !

/v/ /f/

Il voyage en France.
Ça fait vingt francs.
C'est un nouveau film.
C'est un livre de français.
Il vous faut vingt francs ?

Graphie

4 Écrivez ces phrases au masculin
ou au féminin :
Il est sportif. ➜ . . .
Elle est active. ➜ . . .
Ils sont neufs. ➜ . . .

5 🎧 Dictée…

Écouter

6 🎧 Écoutez chacune de ces quatre interviews puis remplissez la grille :

	MME LEMOINE	HUGO LEROI	JOSEPH VALLET	MARTINE BLANC
Quels sports font-ils ?	. . .	. . .	. . .	. . .
Où ?	. . .	. . .	. . .	. . .
Quand ?	. . .	. . .	. . .	. . .
Seuls ? Avec qui ?	. . .	. . .	. . .	. . .
Pourquoi ?	. . .	. . .	. . .	. . .

Parler

7 Cécile Lemercier téléphone à un club de gymnastique pour demander des renseignements. Regardez ce document et imaginez le dialogue.

Club multigym

15 rue des Belles filles - 35000 RENNES
**du lundi au samedi
de 8 heures à 22 heures
le dimanche de 10 heures à 17 heures**

Tarif mensuel	gymnastique	Forfait gym + piscine + yoga
1 séance/semaine	5 €	8 €
2 séances/semaine	9 €	12 €
à volonté/semaine	23 €	38 €

Lire

8 Lisez ces informations. Puis cochez les affirmations vraies.

LES FAMILLES FRANÇAISES ET LE SPORT.

– Pendant l'année et surtout pendant les vacances, les hommes font plus de sport quand ils ont des enfants (51,6 % des pères de deux enfants contre 47,7 % d'hommes qui n'en ont pas). Les mères aussi quand elles ont moins de trois enfants.

– Le sport est la première activité de loisirs chez les jeunes : 83 % des moins de 18 ans font du sport au moins une fois par semaine en plus de l'école. Mais ils ne pratiquent pas tous les mêmes sports : dans les familles les plus riches, on joue au tennis. À la campagne et dans les familles plus modestes, on joue au foot et on fait du vélo.

– 84 % des familles pensent que le sport est important pour la personnalité et pour la santé. C'est aussi un bon exemple social et moral pour les enfants.

a) ☐ Les pères font plus de sport que les autres hommes.
b) ☐ Les femmes sont plus sportives quand elles ont plus de trois enfants.
c) ☐ Un jeune Français sur deux fait du sport à l'école.
d) ☐ Plus de 75 % des jeunes font du sport après l'école.
e) ☐ Le tennis est un sport bon marché et très populaire.
f) ☐ À la campagne, on préfère jouer au foot.
g) ☐ Les familles aiment le sport parce que c'est un bon exemple pour les enfants.
h) ☐ Le plus grand nombre des parents pensent que le sport est important dans la vie des jeunes.

Écrire

9 Véronique Leguen n'est pas en forme. Elle écrit au club Multigym pour demander quelles sont les formules proposées pendant le mois de juin (prix, organisation des séances).
Elle explique ce qu'elle veut faire (activité, fréquence...).
Écrivez sa lettre.

🎧 M. Dubois est dans le cabinet médical de Cécile Lemercier.

Cécile – Bonjour, monsieur Dubois.

M. Dubois – Bonjour, docteur.

Cécile – Dites. Ça n'a pas l'air d'aller. Vous n'avez pas bonne mine ! Vous êtes fatigué ?

M. Dubois – Oui, mais surtout, je me suis fait mal au dos. J'ai du mal à me baisser, et quand je me baisse, je ne peux plus me relever.

Cécile – Vous vous êtes fait des massages ?

M. Dubois – Oui, la pharmacienne m'a donné une pommade et des calmants, mais vous savez, je déteste les médicaments.

Cécile – Monsieur Dubois, je vous l'ai déjà dit, il faut faire du sport.

M. Dubois – Oui, oui, justement...

Cécile – Quand vous étiez plus jeune, vous en faisiez.

M. Dubois – Oui, mais...

Cécile – Et vous avez un club juste à côté... C'est impardonnable !

M. Dubois – Oui, docteur, justement. J'y suis allé, je me suis inscrit...

Cécile – Voilà une bonne décision. C'est un premier pas.

M. Dubois – Mais, docteur, justement, c'est depuis la première séance que j'ai mal au dos ! ■

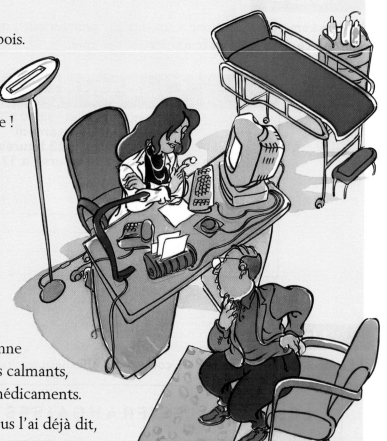

Entraînez-vous •

1 « J'ai mal au dos... »

a) Observez :

– Ça n'a pas l'air d'aller ! Où est-ce que vous avez mal ?

– J'ai mal au dos et aux reins.

les yeux
la tête → le nez
le dos → les dents
le bras
les reins → le ventre
les jambes → le pied

b) Où ont-ils mal ? Qu'est-ce qu'ils disent ?

❶

❷

❸

❹

2 Il s'est inscrit/Elle s'est inscrite.

LE PASSÉ COMPOSÉ DES VERBES PRONOMINAUX
Je me suis inscrit(e)
Tu t'es inscrit(e)
Il s'est inscrit
Elle s'est inscrite
On s'est inscrit(s)
Nous nous sommes inscrit(e)s
Vous vous êtes inscrit(e)(s)
Ils se sont inscrits
Elles se sont inscrites

a) Observez :
Je me suis inscrit à un cours de gym. Je me suis baissé et, quand je me suis relevé, je me suis fait mal.

b) Remplacez je **par** nous, **puis par** ils, **puis par** elle.

> **Attention !**
> Avec « être », le participe passé s'accorde avec le sujet, sauf avec le verbe « se faire ».
> *Exemple* : Il/Elle s'est fait mal *(pas d'accord).*

3 « Vous étiez sportif... »

a) 🎧 **Écoutez et observez :**
Hier encore, j'étais jeune, j'avais 20 ans, je faisais du théâtre, j'allais dans des fêtes...

b) Mettez le texte suivant à l'imparfait :
À 20 ans, on est jeune, on sort, on voyage, on fait du sport, et on n'a pas mal au dos !
Le soir, on va au concert, au cinéma, et on n'est pas fatigué. On n'a pas de voiture, mais on prend son vélo pour voyager.

c) Remplacez on **par** je, **puis par** nous.

> **Attention !**
> Les terminaisons de l'imparfait sont régulières. On construit ce temps à partir de la 1re personne du pluriel du présent (sauf pour le verbe « être »). On utilise l'imparfait pour décrire un état dans le passé.

ÊTRE	AVOIR	FAIRE	ALLER	PRENDRE
Imparfait	*Imparfait*	*Imparfait*	*Imparfait*	*Imparfait*
J'étais	J'avais	Je faisais	J'allais	Je prenais
Tu étais	Tu avais	Tu faisais	Tu allais	Tu prenais
Il/Elle était	Il/Elle avait	Il/Elle faisait	Il/Elle allait	Il/Elle prenait
Nous étions	Nous avions	Nous faisions	Nous allions	Nous prenions
Vous étiez	Vous aviez	Vous faisiez	Vous alliez	Vous preniez
Ils/Elles étaient	Ils/Elles avaient	Ils/Elles faisaient	Ils/Elles allaient	Ils/Elles prenaient

PRÉPARATIFS DE VOYAGE

AVANT DE PARTIR POUR UN PAYS CHAUD :

- Vous devez vous renseigner sur les vaccinations obligatoires

- Informez-vous sur les médicaments à prendre pendant votre séjour

- Il faut voir votre médecin pour avoir des médicaments courants.

- Il est conseillé de prendre une assurance en cas d'accident ou de maladie. Votre assurance peut vous rembourser votre voyage.

- Renseignez-vous sur les médecins et les hôpitaux les plus proches.

QUELQUES CONSEILS AVANT DE PRENDRE L'AVION :

- Portez des vêtements et des chaussures assez larges.

- Pendant le voyage, il est conseillé de boire de l'eau.

- Levez-vous et marchez pendant le vol pour vous détendre les jambes.

QUELQUES CONSEILS PENDANT VOTRE SÉJOUR :

- Ne restez pas couché au soleil entre 12 heures et 16 heures.

- Il vaut mieux porter un chapeau quand vous êtes au soleil.

- Pour éviter la déshydratation, il faut boire 1,5 litre d'eau par jour.

- Il est conseillé de prendre des vêtements adaptés au pays visité. Dans les régions désertiques, il fait très chaud le jour, mais froid la nuit.

 Entraînez-vous ·

1 Relevez dans cette brochure 5 formulations différentes pour donner un conseil.

Vocabulaire

2 Où ont-ils mal ?

a) Faites une phrase pour les faire parler.

b) Remettez ce petit texte dans l'ordre : numérotez ces phrases.

☐ Il prend bien ses médicaments.
☐ Il va chez le médecin, le docteur Lemercier.
☐ Le médecin lui conseille de prendre des médicaments.
☐ Mattias n'a plus mal.
☐ Mattias a très mal au ventre.
☐ Il va les acheter à la pharmacie.
☐ Il prend rendez-vous avec le docteur.

Grammaire

3 Le passé composé.

Réécrivez ces petits textes au passé composé.

● Pierre Chardin va à son cours de volley. Il fait un match avec ses amis. Après le match, il prend une douche. Il se fait mal au bras dans la douche. On appelle Mme Lemercier. Il va à l'hôpital.

● Dimanche soir, Sabrina invite sa mère au restaurant. Elles font un très bon repas. Quand elles sortent du restaurant, Sabrina a un peu mal au cœur. Elles rentrent chez elles et Sabrina prend un médicament. Elle se couche et elle passe une bonne nuit. Lundi matin, elle ne déjeune pas ; elle va travailler comme tous les jours.

4 L'imparfait.

Racontez la vie de cet homme dans les années 70.

● « Aujourd'hui, j'ai cinquante ans, j'ai des enfants, je travaille dans une grande agence ; je suis patron ; j'ai beaucoup d'argent, je ne fais pas
de sport mais je fais un régime. »

● « Il y a trente ans, . . . »

Phonétique

Le son /ø/ comme dans p**eu**x
et le son /œ/ comme dans doct**eu**r.

1 🎧 Écoutez et mettez une croix
quand vous entendez le même son.

	a	b	c	d	e	f	g
DIFFÉRENT							
IDENTIQUE							

2 🎧 Écoutez et mettez une croix
quand vous entendez le son /œ/ comme
dans doct**eu**r.

	a	b	c	d	e	f	g	h
/œ/								

3 🎧 Écoutez et répétez :

/ø/

Il pleut.
Je veux des œufs.
C'est nuageux.
Il a les yeux bleus.
Monsieur, vous avez du feu ?

/œ/

J'ai mal au cœur.
J'adore les fleurs.
Quelle jolie couleur !
Ma sœur est jeune.
Quel malheur, il est seul.

/ø/ /œ/

Il est deux heures.
Voilà un professeur heureux.
Un danseur/une danseuse
Un chanteur/une chanteuse
Il veut du beurre.
Heureusement, tu es à l'heure !

Graphie

4 Complétez ces phrases par **eu** ou **œu**.

– Maman, j'ai mal au c. . . r.

– Tu as rendez-vous chez le doct. . . r à n. . . f
h. . . res.

– J'ai peur ; je ne v. . . x pas y aller s. . . l.

– Ta sœur p. . . t venir avec toi.

– H. . . r. . . sement, il ne pl. . . pas !

Elle a horr. . . r de la pluie.

5 🎧 Dictée…

Écouter

6 🎧 Regardez ces dessins et écoutez ces trois témoignages. Indiquez le numéro
du témoignage sous les deux dessins correspondants.

A . . .   **B** . . .   **C** . . .

D . . .   **E** . . .   **F** . . .

Parler

7 M. Charfaoui a eu un petit accident. Il a très mal à la main. Sa femme lui demande ce qui s'est passé. Regardez ces dessins et imaginez le dialogue.

Lire

8 Lisez l'horoscope santé de vos vacances. Puis remplissez la grille.

 Bélier (21 mars-20 avril) : Vous avez mal à la tête parce que vous êtes stressé ! Vous devriez faire du sport.

 Taureau (21 avril-21 mai) : Profitez de l'été pour vivre près de la nature, à la campagne ou à la montagne. Regardez les fleurs et faites des promenades à pied.

 Gémeaux (22 mai-21 juin) : Vous fumez trop ! Arrêtez-vous. Pour vous aider, vous devriez prendre des cours de dessin ou de théâtre.

 Cancer (22 juin-22 juillet) : Vous avez mal à l'estomac parce que vous mangez trop vite. Détendez-vous ! Il faut prendre vos repas dans le calme.

 Lion (23 juillet- 23 août) : Vous êtes fatigué. Vous devez choisir : ou vous avez des activités fatigantes ou vous voulez vivre longtemps. Si votre dos vous fait mal, allongez-vous.

 Vierge (24 août-23 septembre) : Vous avez grossi ! Faites un petit régime.

Balance (24 septembre-23 octobre) : Vos jambes vous font mal. Vous devriez profiter des vacances pour faire du yoga !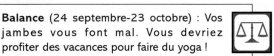

Scorpion (24 octobre-22 novembre) : Allez voir votre médecin ; il faut soigner votre mal au ventre.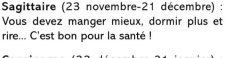

Sagittaire (23 novembre-21 décembre) : Vous devez manger mieux, dormir plus et rire... C'est bon pour la santé !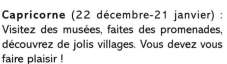

Capricorne (22 décembre-21 janvier) : Visitez des musées, faites des promenades, découvrez de jolis villages. Vous devez vous faire plaisir !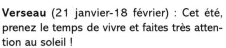

Verseau (21 janvier-18 février) : Cet été, prenez le temps de vivre et faites très attention au soleil !

Poissons (19 février-20 mars) : Vous êtes un peu maigre, non ? Alors, vous devez mieux manger et vous détendre !

SIGNE	BÉLIER	GÉMEAUX	CANCER	VIERGE	SCORPION	POISSONS
Problème	...	...	...	...	...	...
Conseil	...	...	...	...	...	...

Écrire

9 M. Dubois, le boulanger, devait aller chez ses enfants pour passer quelques jours avec eux. Mais il a très mal au dos et il ne peut pas voyager. Il leur écrit pour leur expliquer ce qui lui est arrivé. Écrivez sa lettre.

Unité 15

🎧 **Sabrina Charfaoui est dans l'agence immobilière d'Antoine Martin.**

Sabrina – Bonjour monsieur.

M. Martin – Bonjour mademoiselle.

Sabrina – Je suis Sabrina Charfaoui. Je viens pour l'annonce.

M. Martin – Sabrina Charfaoui... Ah oui ! C'est vous que j'ai eue au téléphone ce matin !

Sabrina – C'est ça, c'est moi qui ai appelé et j'ai envoyé un C.V.

M. Martin – Oui, je me souviens... mais j'ai eu beaucoup de réponses. Asseyez-vous !

Sabrina – Merci.

M. Martin – Donc, vous avez un B.T.S. de secrétaire comptable.

Sabrina – C'est ça.

M. Martin – Qu'est-ce que vous avez comme expérience ?

Sabrina – Comme je l'indique dans mon C.V., j'ai déjà fait plusieurs stages...

M. Martin – Mais vous n'avez jamais travaillé...

Sabrina – Si, j'ai fait un remplacement à *Ouest-Infos* et chez un dentiste.

M. Martin – Vous aviez des contacts avec la clientèle ?

Sabrina – Non, pas tellement. Je m'occupais plutôt du courrier.

M. Martin – Parce que ici, c'est plutôt un travail de relations publiques. Il faut faire visiter des appartements, il faut être aimable, patient...

Sabrina – Vous savez, j'ai aussi travaillé chez mon père. Il est épicier dans le quartier.

M. Martin – Épicier ? Mais alors, vous êtes la fille de M. Charfaoui... ?

Sabrina – Oui.

M. Martin – C'est l'homme le plus aimable du quartier. Ça, c'est une référence ! ∎

Entraînez-vous •

1 « C'est vous que j'ai eue au téléphone.
C'est moi qui ai appelé. »

LE PRONOM RELATIF
qui = sujet **que** = complément d'objet* La personne qui a appelé est arrivée. La personne que vous avez eue au téléphone est arrivée. * **qu'** devant une voyelle

LA MISE EN RELIEF
C'est moi qui suis ...   C'est nous qui sommes ... C'est toi qui es ...   C'est vous qui êtes ... C'est lui qui est ...   Ce sont eux qui sont ... C'est elle qui est ...   Ce sont elles qui sont ... Le verbe s'accorde avec la personne représentée par « qui ». « Qui » est sujet du verbe de la deuxième phrase. « Que » est complément du verbe de la deuxième phrase. « Qui » et « que » sont placés juste derrière le mot qu'ils remplacent.

a) 🎧 Écoutez et observez :
– Qui est-ce ?
– C'est la personne qui a appelé.
– C'est la personne que vous avez eue au téléphone.

b) **Répondez sur le modèle proposé
en utilisant** C'est ... qui **et** C'est ... que.
Exemple :
– Vous voyez souvent ce médecin ?
– *Oui, c'est un médecin que je vois souvent.*

– Cet hôtel est très agréable ?
– Tu mets souvent ce costume ?
– Vous connaissez bien ce quartier ?
– Cette place est réservée ?
– Vous invitez souvent cet ami ?

c) **Observez :**
– Vous avez appelé ?
– Oui, c'est moi qui ai appelé.

– Paul a appelé ?
– Oui, c'est lui qui a appelé.

– Vous avez appelé Paul ?
– Oui, c'est lui que j'ai appelé.

d) **Répondez de la même manière
en remplaçant le mot en gras par un pronom :**
– **Sabrina** a envoyé un C.V. ?

– **Antoine** a acheté cette voiture ?
– Vous cherchez **Sabrina** ?
– **Le docteur Lemercier** a conseillé ce club
à M. Dubois ?
– Vous avez vu **ce diététicien** ?
– **Cet agent immobilier** a trouvé un apparte-
ment pour Sabrina ?
– **Vous** avez appelé ?
– **Ils** ont acheté cette maison ?

2 « **Vous n'avez jamais travaillé ?** »

LA NÉGATION		
QUANTITÉ		NÉGATION
du, de la ...	≠	pas de ...
encore du, de la ...	≠	plus de ...
TEMPS		NÉGATION
toujours/encore...	≠	ne plus...
déjà...	≠	ne pas encore...

> **Attention !**
> La place de la négation au passé composé :
> – Tu as acheté du pain ?
> – Non, je n'ai **pas** acheté **de** pain.
>
> – Vous avez déjà travaillé ?
> – Non, je n'ai **pas encore** travaillé.

a) **Observez :**
– Vous avez **du** vin, s'il vous plaît ?
– Ah non ! Je n'ai **pas de** vin.

– Vous avez **encore du** vin ?
– Ah non ! Je n'ai **plus de** vin.

– Vous travaillez **toujours/encore** à *Ouest-Infos* ?
– Ah non ! Je **ne** travaille **plus** à *Ouest-Infos*
depuis longtemps.

– Vous avez déjà travaillé ?
– Non, je **n'**ai **pas encore** travaillé mais j'ai fait
des stages.
– Non, je **n'**ai **jamais** travaillé.

b) **Répondez négativement :**
– Vous voulez une chambre ?
– Tu bois de la bière ?
– Ils ont de l'argent ?
– Sabrina fait encore un stage ?
– Ta mère fait toujours un régime ?
– Elle a acheté une voiture ?
– Tu as déjà vu ce film ?
– Vous avez déjà pris l'avion ?

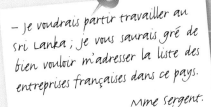

— Je voudrais partir travailler au Sri Lanka ; je vous saurais gré de bien vouloir m'adresser la liste des entreprises françaises dans ce pays.

Mme Sergent.

❶

— Je me permets de vous écrire pour vous demander la liste des différentes ambassades étrangères en France.

M. Vial.

❷

— Je vous serais reconnaissant de bien vouloir me communiquer les adresses d'employeurs offrant des emplois en Russie, en particulier à Saint-Pétersbourg.

M. Loumier.

❸

NOUS NE POUVONS PAS VOUS ENVOYER CETTE LISTE MAIS VOUS POUVEZ LA COMMANDER EN TÉLÉPHONANT AU

01 40 73 33 63.

Ⓐ

Pour travailler en Russie, nous avons peu d'adresses utiles, cependant nous vous conseillons de vous adresser au cabinet de recrutement T.P.A. qui a un bureau à Paris et à Moscou.

Ⓑ

Pour avoir cette liste, il faut contacter soit la chambre de commerce française à Colombo, soit l'ambassade du Sri Lanka à Paris.

Ⓒ

Nicolas Vasseur	Journaliste
25, rue de la Mairie	Français
35000 RENNES	Né le 22.03.69
Tél. : 02 34 45 87 90	à Rennes
	Célibataire

Formation :

1991/94	École de journalisme, Paris
1990	Bac B

Langues :

Anglais, espagnol (lu, écrit, parlé)
Allemand (notions)

Expérience professionnelle :

1993/94	Élève-stagiaire *France-Midi* (Rubrique sportive)
1994/99	Journaliste *Ouest-Infos* (Économie)

Divers :

Informatique, voyage, cinéma, voile, tennis

Entraînez-vous •

❶ Associez ces demandes et ces réponses.

❶ et . . .   **❷** et . . .   **❸** et . . .

Vocabulaire

2 Le C.V.

Observez le C.V. de Nicolas Vasseur et présentez correctement le C.V. de Sabrina Charfaoui.

Expérience professionnelle

1996 Bac G

Arabe

Anglais lu, écrit

Tél. : 02 35 71 94 20

française

Célibataire

Formation

Lecture, vélo, théâtre

32, bd du Général-de-Gaulle Rennes

Divers

Été 1999 : secrétaire remplaçante à

Ouest-Infos

Langues

1998 : B.T.S. secrétaire comptable

Sabrina Charfaoui

née le 12.09.79 à Rennes

3 Les formules de politesse.

Relevez dans les demandes d'emploi de la page 112 les formules de politesse employées pour faire une demande écrite, puis complétez ces extraits de lettre.

● (. . .) Je vous . . . reconnaissante de m'adresser la liste des agences pour l'emploi de Brest (. . .)

● (. . .) Je . . . de vous écrire pour vous demander les coordonnées de *Ouest-Infos* à Rennes.

● (. . .) Je vous saurais . . . de prendre ma fille comme stagiaire dans votre entreprise (. . .)

● (. . .) Je vous demande de . . . m'envoyer votre catalogue.

Grammaire

4 Qui/Que.

Complétez ces phrases avec qui ou que/qu'.

● Sabrina . . . est la fille de l'épicier cherche du travail.

● Vous avez un nouveau stagiaire . . . je trouve très sympathique.

● Litza . . . est au pair chez les Lemercier est grecque.

● Je n'ai pas regardé le courrier . . . vous m'avez envoyé hier.

● Le stage . . . elle a fait était très intéressant.

● Je ne connais pas encore les journaux . . . tu achètes.

● On a invité le journaliste . . . est venu avec toi.

5 C'est ... qui/C'est ... que/qu'.

Réécrivez ces phrases en employant c'est ... qui ou c'est ... que.
Insistez sur le mot en gras.

● J'ai visité **cet appartement.**

● **Mattias** est étudiant en chimie.

● Il déteste **le travail de relations publiques.**

● Sabrina a fait **un remplacement.**

● Il a envoyé **ce C.V.** la semaine dernière.

● **Antoine Petit** a une agence immobilière.

● J'ai présenté **cet ami** à M. Dubois.

6 La négation au présent et au passé composé.

Insérez dans ces phrases les négations entre parenthèses.

● À 65 ans, les Français travaillent. (ne ... plus)

● Nicolas Vasseur est marié. (ne ... pas encore)

● Antoine passe ses vacances à l'étranger. (ne .... jamais)

● Litza est allée en Grèce cette année. (ne ... pas encore)

● Mattias a fini ses études de chimie. (ne ... pas)

● Mme Charfaoui a travaillé en France. (ne ... jamais)

● Ahmed a passé son bac. (ne ... pas encore)

Phonétique

Le son /p/ comme dans **p**atient et le son /b/ comme dans aima**b**le.

1 🎧 Écoutez et mettez une croix quand vous entendez le même son.

	a	b	c	d	e	f	g
DIFFÉRENT							
IDENTIQUE							

2 🎧 Écoutez et mettez une croix quand vous entendez le son /b/ comme dans aima**b**le.

	a	b	c	d	e	f	g	h
/b/								

3 🎧 Écoutez et répétez :

/p/

Tu peux partir plus tard ?
Il est un peu tôt pour parler.
Il ne pleut pas à Paris.
Il est plutôt petit pour son âge !
Prends ce pull.

/b/

Elle a une robe blanche.
Voilà une bonne bouteille !
Le ciel est bleu à Bordeaux.
C'est un très beau bateau.
Voilà une bonne bouteille.

/p/ /b/

Cette robe est plutôt belle.
On préfère venir en septembre.
Vous partez avec Brigitte ?
Appuyez sur le petit bouton.
Pierre a bu une bière.

Graphie

> **Attention !**
> Les mots commençant par /ap/ comme
> « appartement » ou « apprendre » prennent
> en général deux « p » (sauf le verbe « apercevoir »).

4 Complétez ces mots avec **p** ou **pp**.

Tu as a . . . orté ton a . . . areil photo ?
Moi, j'ai . . . référé . . . rendre mon téléphone
. . . ortable.
Au su . . . ermarché, achète du . . . ain, des
. . . ommes et un . . . oulet.
Nous a . . . renons le français avec un . . . rofesseur . . . atient et sym . . . athique.

5 🎧 Dictée…

Écouter

6 🎧 Écoutez l'enregistrement et complétez cette fiche de renseignements.

– **Poste offert :** ...
– **Candidat :** *Paul Raymond*
– **Âge :** *25 ans*
– **C.V. envoyé :** ☐ oui   ☐ non
– **Études et formation suivie :**
...

– **Expérience professionnelle :**
...

– **Langues parlées :** ...   niveau : ...
– **Permis de conduire :** ☐ oui   ☐ non
– **Salaire proposé :**
– **Date de l'emploi :**

Parler

7 Litza Ritsos doit partir quelques jours dans sa famille. Une de ses amies se présente chez M. et Mme Lemercier pour proposer de garder les enfants pendant son absence.
Imaginez le dialogue.

Lire

8 Lisez ces offres et ces demandes d'emploi puis assemblez-les.

Hôtel (Brest) cherche J.H. 18 a. parlant anglais pour petits services, mois de juillet et août.
Env. CV Hôtel du Grand Large...

1

Professeur retraitée, j'aime les livres et les enfants. Je cherche un petit travail dans le monde des livres.
Mme Ben saïd...

2

ETUDIANT EN INFORMATIQUE, j'ai besoin d'argent pour payer mes études. Je suis un jeune Allemand patient et courageux.

Appelez-moi au
01 43 12 21 68.

3

Famille cherche J.F. espagnole pour garder enfants le mercredi.
Tél Mme Dumont...

4

Comptable, 15 ans d'expérience, cherche poste à temps plein. Écrire journal réf. : 28609.

5

École
cherche J.H. ou J.F.

18 ans minimum pour donner cours d'allemand à de jeunes enfants quelques heures par semaine.
Salaire : 13 € / heure.
Adresser lettre à l'école Saint-Louis.

6

Carmen, 19 ans, étudiante, cherche enfants à garder le mercredi. Je suis espagnole mais je parle bien français.
Tél. : 02 47 06 63 24

7

LIBRAIRIE RECHERCHE VENDEUSE SPÉCIALISTE LITTÉRATURE ENFANTINE.
SE PRÉSENTER
À LA LIBRAIRIE MILLE PAGES....

8

Charles, 19 ans, bilingue anglais cherche petit job pour l'été. Expérience dans la restauration et l'hôtellerie.
Tél. : 06 78 45 30 18.

9

URGENT :

Société électronique recherche comptable expérimenté(e). Envoyer C.V. et lettre de motivation à Electronix...

10

Écrire

9 Mattias Schluter met un petit mot chez l'épicier pour donner des cours de maths ou pour garder des enfants. Écrivez sa petite annonce.

Unité 16

🎧 Robert Petit est au café de Joseph Cellier. Ils discutent.

Joseph Cellier – Vous connaissez la nouvelle ?
Il paraît que Nicolas Vasseur se marie.

Robert Petit – Ah bon, et avec qui ?

Joseph Cellier – Une Grecque, je crois.

Robert Petit – Ça ne m'étonne pas !
Il est toujours à l'étranger.

Joseph Cellier – C'est pour son travail !

Robert Petit – Son travail, son travail...
pas seulement !

Joseph Cellier – D'ailleurs, on dit
que sa sœur est fiancée avec
un Hongrois.

Robert Petit – Et il a un cousin
qui est marié avec une Espagnole.

Joseph Cellier – Et je crois bien
que ses parents ont vécu en Espagne.

Robert Petit – Ça, c'est une famille
internationale !

Joseph Cellier – Tiens,
monsieur Lemercier !
Votre jeune fille au pair est bien
grecque, elle aussi ?

M. Lemercier – Oui, en effet.

Joseph Cellier – Vous devriez lui dire
que Nicolas Vasseur se marie avec une compatriote.
Ça va lui faire plaisir.

M. Lemercier – Ce n'est pas la peine, je pense.

Joseph Cellier – Ah bon, et pourquoi donc ?

M. Lemercier – Parce que c'est avec elle que Nicolas Vasseur se marie... ∎

Entraînez-vous

1 « Il paraît que Nicolas Vasseur se marie. »

LES COMPLÉTIVES AVEC « QUE »
dire croire penser } + que...

Attention !
changement de pronom ➜ changement de possessif

« **Je me** marie. » Il dit qu'**il se** marie.
« C'est **ma** femme. » Il dit que c'est **sa** femme.

a) Observez :
– Je me marie avec une amie grecque.
– Qu'est-ce qu'il dit ?
– Il dit qu'il se marie avec une amie grecque.
Ça t'étonne ?

b) Rapportez ce qu'ils/elles disent :
Il dit … Elle dit …

● « Nous avons envie de faire un voyage, mais notre fils se marie. »

● « J'ai rencontré une femme en voyage ; nous étions dans le même avion. »

● « Nous nous sommes parlé ; il m'a invitée à dîner.

● « Nos amis ne sont pas étonnés. »

● « Depuis, nous vivons à Paris, près des parents de ma femme. »

La famille

mon mari   ma femme
mon père   ma mère
        mes parents
mon beau-père   ma belle-mère
        mes beaux-parents

2 « Vous devriez prendre un café. »

a) Observez :
– Tu devrais faire du sport.
– Vous devriez arrêter de fumer.

b) Imitez une de ces deux formules pour donner des conseils :
– Mange moins.
– Sortez plus souvent.
– Va au cinéma.
– Prenez des vacances.

Conseiller
Tu devrais étudier le français.
Vous devriez étudier le français.

3 « Ça va lui faire plaisir ! »

a) Observez :
– Nicolas Vasseur, vous le connaissez ?
– Oui, je le connais bien. Je lui parle souvent.
– Et Litza ?
– Oui, je la connais très bien. Je lui ai téléphoné hier.
– Et les Lemercier ?
– Oui, je les connais un peu. Je leur ai vendu ma voiture.

b) Imitez ce dialogue en remplaçant Nicolas par Véronique, **Litza par** Joseph **et les Lemercier par** M. et Mme Combes.

VIVRE	CROIRE
Présent	*Présent*
Je vis	Je crois
Tu vis	Tu crois
Il/Elle vit	Il/Elle croit
Nous vivons	Nous croyons
Vous vivez	Vous croyez
Ils/Elles vivent	Ils/Elles croient
Participe passé	*Participe passé*
vécu	cru
Passé composé	*Passé composé*
J'ai vécu, tu as vécu...	J'ai cru, tu as cru...

LES PRONOMS « LUI » « LEUR »
Elle parle à ma femme.   à mon mari. } → Elle **lui** parle. Elle parle à mes parents. → Elle **leur** parle.

MARIAGE SUR ÉCRAN !

« Je me suis trop souvent ennuyé dans les maria-ges, pour faire comme tout le monde », explique notre confrère Nicolas Vasseur.

Le 14 juin dernier, celui-ci a épousé Litza Ritsos, et le mariage a été célébré dans la salle multimédia de la mairie, un lieu peu traditionnel pour une cérémonie elle aussi inhabituelle.

Il s'agissait d'un télé-mariage en visioconfé-rence. Car la technologie moderne a permis de réunir le couple et la famille de la mariée, mal-gré les 3 000 km qui les séparaient : parents, grands-parents, oncles et tantes ont pu assister au mariage depuis le centre de visioconférence d'Athènes, en liaison avec la mairie de Rennes.

« Je viens d'une famille de six enfants et j'ai qua-torze neveux », a déclaré la mariée qui portait quand même une longue robe blanche et un voile sur la tête. « J'ai pu leur parler, mais mal-heureusement, on ne s'embrasse pas à distance ! »

La liste de mariage était même déposée sur Internet mais les nombreux cadeaux offerts au jeune couple n'avaient heureusement rien de virtuel ! Toutes nos félicitations à notre confrère et à sa charmante épouse !

Entraînez-vous

Vocabulaire

1 La famille.

Qui est-ce ? C'est...

le fils de votre mère → . . .
la fille de votre oncle → . . .
le mari de votre tante → . . .
la mère de votre père → . . .
le fils de votre sœur → . . .
la femme de votre père → . . .
le fils de votre oncle → . . .
la femme de votre frère → . . .
le mari de votre sœur → . . .
votre père et votre mère → . . .

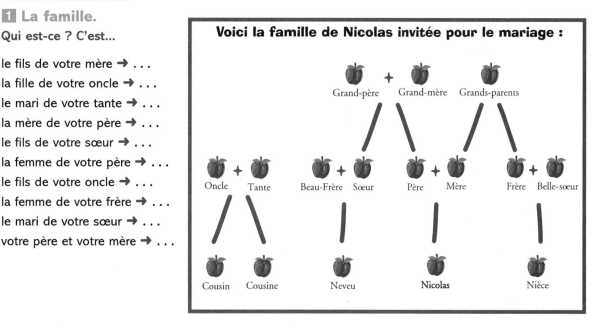

Voici la famille de Nicolas invitée pour le mariage :

Grand-père + Grand-mère   Grands-parents

Oncle + Tante   Beau-Frère + Sœur   Père + Mère   Frère + Belle-sœur

Cousin   Cousine   Neveu   Nicolas   Nièce

Grammaire

2 Le style direct et le style indirect.

a) Réécrivez ces phrases en les mettant au style direct. Attention aux pronoms sujets !

● Elle dit qu'elle a dîné au restaurant.

● Je crois que je vais partir en week-end.

● Il paraît qu'ils ont vécu en Australie.

● Elle pense qu'elle va arriver en voiture.

b) Réécrivez ces phrases en les mettant au style indirect. Attention aux pronoms sujets ! Utilisez le sujet et le verbe entre parenthèses.

● « Je viens dans cinq minutes. » (elle/dire)

● « Nous faisons beaucoup de sport. »
(ils/trouver)

● « Vous êtes trop jeunes pour avoir un enfant. »
(tu/penser)

● « Nous cherchons un hôtel. » (elle/dire)

> **Attention !**
> Dans un texte, la proposition principale comprenant les verbes « dire », « expliquer » peut être placée après, et le sujet est inversé.
>
> Elle dit « On ne s'embrasse pas à distance ».
> « On ne s'embrasse pas à distance », dit-elle.

3 Les pronoms compléments.

a) Associez questions et réponses :

1 • Tu téléphones à ta sœur ?
2 • Vous parlez au boulanger ?
3 • Vous ne téléphonez pas à vos amis ?
4 • Vous parlez à M. et Mme Combes ?

a • Si, je leur ai téléphoné hier.
b • Non, je ne leur parle pas.
c • Oui, je lui parle souvent.
d • Oui, je lui téléphone.

b) Complétez ces phrases par les pronoms compléments : le, la, l', les, lui **ou** leur.

– Mme Leroux a écrit à Pierre et Nathalie ?

– Oui, elle . . . a écrit une lettre, elle . . .
a envoyée jeudi dernier.

– Tu crois qu'ils . . . ont reçue ?

– Bien sûr. Ils . . . ont téléphoné pour . . . remercier :
elle . . . a invités pour son anniversaire.

– Et ils vont aller . . . voir ?

– Oui. Mais ils ne savent pas quel cadeau . . . offrir.
Tu as une idée ?

– Peut-être. Son appareil photo, elle . . . prenait
toujours avec elle. Eh bien elle . . . a perdu
le mois dernier !

Phonétique

Le son /w/ comme dans dan**o**ise
ou comme dans L**ou**is
et le son /j/ comme dans fi**ll**e.

1 🎧 Écoutez et mettez une croix quand vous entendez le son /w/.

	a	b	c	d	e	f	g	h	i	j
/w/										

2 🎧 Écoutez et mettez une croix quand vous entendez le son /j/.

	a	b	c	d	e	f	g	h	i
/j/									

3 🎧 Écoutez et répétez :

/w/

C'est une voiture noire.
Je bois le café froid.
Ça fait trois francs soixante.
Tu as choisi une boisson ?
Tu crois qu'il a loué cette maison ?
Pourquoi tu veux me voir ?
Ce soir, il fait froid.
C'est inouï !
Toi et moi, on se voit ce soir ?

/j/

C'est un mariage en famille.
Vous êtes brésilien ou chilien ?
Hier, j'ai bien dormi.
Ta fille et ta nièce viennent comment ?
C'est une vieille femme italienne.
En juillet, il a beaucoup de travail.
Quand tu voyages, tu prends l'avion ?
Donnez-moi une feuille de papier et un crayon.
C'est Pierre qui va payer ?

Graphie

4 Complétez ces mots par i, y ou ill.

Aujourd'hui, c'est le trois ju. . . et.
Je ne trava. . . e pas. Je vais au mar. . . age
de mes me. . . eurs amis. J'ai choisi pour eux
un sac de vo. . . age. Je ne l'ai pas pa. . . é
trop cher. Heureusement, parce que je suis
étud. . . ant.

5 🎧 Dictée...

Écouter

6 🎧 Le cadeau. Mettez une croix devant les phrases vraies et répondez aux questions.

a) Ces deux personnes viennent choisir un cadeau pour :
☐ un anniversaire de mariage.
☐ un mariage.

b) ☐ Ils connaissent bien Litza et Nicolas.

c) ☐ Ce sont des amis de Nicolas.

d) ☐ Ils sont de la famille de Nicolas.

e) Quand ils arrivent dans le magasin :
☐ ils ont une idée de cadeau.
☐ ils cherchent une idée de cadeau sur la liste.

f) Sur la liste, ils peuvent choisir :
☐ un baladeur
☐ un album de photos
☐ des livres
☐ des C.D.
☐ une lampe
☐ un sac de voyage
☐ une trousse de toilette
☐ de la vaisselle

g) Qu'est-ce qu'ils choisissent ?

h) Pourquoi ?

i) Quel est son prix ?

j) Ils le paient comment ?

Parler

7 Nicolas Vasseur va dans l'agence de Antoine Martin pour choisir « un voyage de noces* ». Imaginez le dialogue.

(* Un voyage de noces, c'est le voyage que font souvent les jeunes mariés juste après leur mariage.)

Lire

8 Regardez ces trois photos de mariage et lisez cette lettre.
Quelle photo est envoyée avec la lettre ?

Chère Sophie

Mon cousin s'est marié la semaine dernière.

C'était super !

Ils ont fait une grande fête et ils ont invité tous leurs copains musiciens. Ils sont arrivés et ils ont joué à la sortie de la mairie. La famille était là aussi bien sûr. La mariée était très belle : elle portait une belle robe blanche et un voile.

Après la mairie, on est allés dans un restaurant super sympa. À la fin du repas, ma grand-mère a dansé avec le père de la mariée. Ils ont fait une valse magnifique.

Il y avait beaucoup de jeunes et on a dansé toute la nuit.

Tu vois, on a passé une super soirée. J'ai fait quelques photos et je t'en envoie une.

Je viens te voir dès que je finis mes examens.

Je t'embrasse.

Hélène

Écrire

9 Nicolas Vasseur écrit une lettre de remerciements à ses amis qui lui ont offert le sac de voyage en cadeau de mariage. Écrivez sa lettre.

Bilan 4

VOUS CONNAISSEZ...

1 Le pronom en

Complétez les phrases avec les pronoms en, le, la **ou** les :

– Et de la gymnastique, vous . . . faites souvent ?
– Il y a un club près de chez moi, mais je n(e) . . .
connais pas. Le médecin m'a conseillé
ce régime, mais je n(e) . . . suis pas. Il ne faut
pas manger de pain, mais j(e) . . . mange
quand même ! Et il est interdit de manger
des gâteaux. Vous me connaissez, et vous
savez que je . . . aime beaucoup. Alors j(e) . . .
achète quelquefois. Il m'a conseillé
des cassettes de gymnastique. J(e) . . . ai
acheté une, mais je n(e) . . . regarde pas.
– Votre médecin est sûrement très bon mais
je ne comprends pas pourquoi vous êtes allée
. . . voir !

2 Le pronom lui

Complétez les phrases par les pronoms le, la, les **ou** lui :

– Pierre te cherche ; il faut . . . téléphoner.
– Oui, je n(e) . . . ai pas vu depuis longtemps,
mais j'ai besoin de . . . parler.
– Tu devrais . . . dire de passer le week-end
à la campagne avec nous.
– C'est vrai. Je . . . trouve fatigué. Le médecin
. . . a conseillé de se reposer. Deux jours
de repos, ça va . . . faire du bien.
– Et puis, j'ai reçu les photos de notre voyage. On
va pouvoir . . . regarder avec lui.
– Téléphone aussi à Alice : propose-. . .
de passer le week-end avec nous. Elle connaît
Pierre et je crois qu'elle . . . aime bien. Et puis
il peut aller . . . chercher chez elle en voiture.

3 Les verbes pronominaux
   au présent

Complétez avec le pronom qui convient :

1 • Elle . . . couche de bonne heure.
2 • Moi, je ne . . . lève jamais tôt.
3 • Paul a mal au dos, et il ne doit pas . . . baisser.
4 • Asseyez-. . . , s'il vous plaît !
5 • Il faut . . . arrêter de travailler une semaine ;
   tu as l'air fatigué.
6 • Nous . . . préparons à partir.
7 • Vous devez . . . inscrire à un cours de
   gymnastique.
8 • Je vais . . . promener au bord de la mer ;
   tu viens ?
9 • Nous allons . . . asseoir cinq minutes.

4 Les verbes pronominaux
   au passé composé

Mettez ces phrases au passé composé :

1 • Elles s'inscrivent au club de gymnastique.
2 • Vous vous asseyez sur ma veste !
3 • Je me couche à 8 heures du soir !
4 • Vous vous levez tôt ? (vous = Valérie)
5 • Nous nous rencontrons devant le cinéma.
6 • Ils se voient à midi.

5 L'imparfait

Mettez ces phrases à l'imparfait :

1 • Je suis très fatiguée.
2 • J'ai mal au dos.
3 • Je ne dors plus.
4 • Je ne mange plus
5 • Je ne fais plus de sport.

6 Les négations

Répondez par des phrases négatives
et employez ne... pas, ne... plus,
ne... pas encore, ne... jamais :

1 • Êtes vous déjà allé en France ?
2 • Buvez-vous de la bière ?
3 • Fumez-vous toujours ?
4 • Déjeunez-vous souvent avec votre professeur ?
5 • Faites-vous toujours de la gymnastique ?
6 • Voulez-vous un café ?
7 • Avez-vous déjà vu le film *À vendre* ?

VOUS SAVEZ...

1 Vous plaindre

Dites où ils ont mal.

3 Donner des conseils

Un médecin donne des conseils à ses malades.
Que leur dit-il ?

2 Exprimer un regret

Commentez le dessin suivant.

4 Rapporter des paroles

Faites des phrases pour rapporter
leurs paroles. Utilisez le pronom : Elle dit...

1 • « J'ai perdu mes clés et ma carte d'étudiant
au cinéma. »
2 • « Mon père a téléphoné au cinéma. »
3 • « Ils n'ont pas trouvé mes clés mais ils ont
trouvé ma carte. »
4 • « Mon université va me faire une nouvelle
carte. »
5 • « Mes parents me conseillent de faire plus
attention. »

ÉCOUTER ET COMPRENDRE

1 **Comprendre un mouvement**

🎧 Les mouvements du corps

Dites à quel dessin correspondent les consignes que vous entendez.

2 **Comprendre un bulletin météo**

🎧 La météo

Indiquez sur ces deux cartes la météo pour la journée du 15 mars. Une carte est pour le matin, l'autre carte est pour l'après-midi.

Matin

Après-midi

3 Comprendre un récit

🎧 Les voyages

Écoutez cet enregistrement puis répondez aux questions.

Fabienne raconte le voyage qu'elle a fait avec son mari.

1 • Pourquoi Fabienne a-t-elle choisi de faire un voyage ?
2 • Est-ce que son mari connaissait ce projet ?
3 • De quel jour à quel jour sont-ils partis ?
4 • Quel temps ont-ils eu pendant leur séjour ?
5 • Est-ce qu'ils sont restés seulement à Rome ?
6 • Qu'est-ce qu'ils ont fait pendant leur séjour ?
7 • Remplissez cette grille avec leurs activités :

	samedi	dimanche	lundi
matin			
après-midi			
soir			

PARLER

1 Chez le médecin

Vous allez chez le médecin, parce que vous vous sentez fatiguée. Vous lui expliquez ce que vous avez.

2 Recherche d'emploi

Vous êtes dans le bureau d'un chef d'entreprise français. Vous lui demandez un emploi. Il vous interroge sur votre formation et sur votre expérience. Imaginez le dialogue.

3 Pour apprendre le français

Votre meilleur ami veut apprendre le français. Donnez-lui des conseils.

4 Renseignements

Vous voulez vous inscrire à un cours de français. Téléphonez dans une école pour avoir des informations (organisation des cours, jours et heures, prix…). Imaginez le dialogue.

5 L'accident

Vous avez eu un petit accident hier soir quand vous alliez au cinéma. Racontez ce qui s'est passé.

6 À l'agence de voyages

Vous voulez faire un voyage en France. Vous allez dans une agence de voyages et vous voulez des informations. Imaginez le dialogue.

ÉCRIRE

1 Faire un CV

Vous voulez travailler en France. Vous envoyez votre CV à une entreprise française. Faites votre CV en français.

2 Vous lisez cette petite annonce dans le journal

L'Hôtel Lutecia à Paris cherche un(e) comptable expérimenté(e) pour les mois de juin, juillet, août.
Env. lettre + CV au journal.
REF . 025314

Écrivez une lettre pour présenter votre demande. Ajoutez des informations sur votre expérience passée.

3 Refuser une invitation

Vous êtes invité à un mariage. Vous ne pouvez pas y aller. Vous répondez en vous excusant et en donnant le motif de votre refus.

4 Un mariage

Vous écrivez à un ami pour raconter un mariage auquel vous avez assisté.

ÉCRIRE

1 Écrire des consignes

Vous avez une amie qui n'aime pas faire de la gymnastique.
Pour l'encourager, vous lui enregistrez une cassette décrivant les mouvements suivants :

Avant d'enregistrer la cassette, vous écrivez les textes (à l'impératif ou au présent)

2 Rédiger une lettre de motivation

Sophie R., Julien D., Cyril A., Sabine P.,
cherchent du travail.
Ils ont rédigé les annonces suivantes
pour les envoyer dans des journaux.

28 ans, niveau BTS
2 ans d'expérience accueil, standard
grd groupe imp. exp.
4 ans secrét. classique (courrier, classement)
word, excel
bon niveau français et orthographe
anglais
cherche poste secrétariat.
Toulouse et région

34 ans
infirmier dipl. ét.
8 ans hôpit. Imp. servi. chirurgie
4 ans laboratoire
angl., allem.
Cherche métier vente hospit.
Région Sud-Ouest

24 ans
niveau bac+2
2 ans exp. positive vente micro-informatique
pratique vente ligne, dynamisme, enthousiasme
cherche emploi temps partiel domaine services
région parisienne de préf.

35 ans
BTS arts graphiques
2 ans maquettiste grd groupe presse
puis, 4 ans animation équipe p. analyse
travaux, contrôle exécution, relat. clientèle
bonne connaissance chaîne graphique
maîtrise logiciels PAO, mise en page
word, excel
précision, sens service, esprit organisation,
capacités relation.
cherche poste responsabilité fonctions
similaires.

Parallèlement, on leur conseille d'écrire
directement à certaines entreprises.
Rédigez les lettres correspondantes.

3 Écrire un discours pour une cérémonie

Au cours de la réception qui suit son mariage,
Nicolas Vasseur remercie les invités et fait une
présentation de sa femme à ceux qui ne la
connaissent pas. Il raconte comment ils se sont
rencontrés, pourquoi elle lui a plu. Écrivez son
discours.

4 Écrire une lettre de remerciements en racontant un voyage

Plusieurs amis leur ont fait un cadeau
commun : une croisière.

Sur la COSTA MARINA

**Vacances de
février et Pâques**

La Baltique

*Une croisière
pas comme les autres.*

- Cabines spacieuses et climatisées.
- Soirées dansantes.
- Atmosphère conviviale.
- Club de gymnastique.
- Salle de cinéma.
- Spectacles, chansons.

**STOCKHOLM,
HELSINKI,
SAINT-PÉTERSBOURG,
COPENHAGUE.**

À partir de cette publicité, imaginez la lettre
de remerciements qu'ils envoient à leurs amis
pour leur raconter leur voyage.

La phrase

▌ **La phrase est composée :**

– d'un nom, ou d'un groupe du nom :
Madame Leroux a une jupe bleue.
La jupe de madame Leroux est bleue.

– d'un groupe du verbe :
*Madame Leroux **a une jupe bleue.***
*La jupe de madame Leroux **est bleue.***

▌ **Le groupe du nom est composé :**

– d'un article (ou d'un adjectif possessif, ou d'un adjectif démonstratif, ou d'une marque de quantité) :
*la jupe de madame Leroux ; **une** jupe verte.*

– d'un nom :
*la **jupe** de madame Leroux ; une **jupe** verte.*

– d'un complément de nom ou d'un adjectif :
*la jupe **de madame Leroux** ; une jupe **verte**.*

▌ **Le groupe du verbe est composé :**

– d'un verbe :
*Madame Leroux **a** une jupe verte.*

– d'un ou plusieurs compléments :
*Madame Leroux a **une jupe verte.***

Les articles

▌ **Les articles**

L'article est une forme variable, qui se place avant le nom. Il porte les marques de genre et de nombre du nom.

un pull   *des* pulls

une jupe   *des* jupes

> **Attention !**
> Devant les noms propres, il n'y a pas d'article.
> Devant les noms de métiers, l'article peut disparaître.
> *Il est médecin.*

Il y a des articles indéfinis, des articles définis, des articles partitifs.

▌ *Les articles indéfinis* sont employés quand on ne connaît pas encore un objet.
*Je voudrais **une** cravate.*

L'ARTICLE INDÉFINI		
	Masculin	Féminin
Singulier	**un**	**une**
Pluriel	**des**	

▌ *Les articles définis* sont employés pour désigner une personne ou un objet connu et précis.
*Je voudrais **la** cravate bleue.*
*Je n'aime pas **la** cravate de Paul.*

L'ARTICLE DÉFINI			
	Masculin		Féminin
Singulier	**le**	**l'***	**la** **l'**
Pluriel		**les**	
* devant *a, e, i, o, u* ou *h* aspiré.			

Avec les prépositions *à* ou *de*, l'article défini singulier *le* et l'article défini pluriel *les* se contractent.

L'ARTICLE CONTRACTÉ	
à + *le* = **au**	*de* + *le* = **du**
à + *les* = **aux**	*de* + *les* = **des**

*Nous allons **au** musée Rodin.*
*Le patron **de l'**hôtel, **du** restaurant est sympathique.*

▌ *L'article partitif* s'emploie uniquement avec les noms qui désignent un objet ou une notion qu'on ne peut pas compter (matières : lait, eau… ; sports : voile, vélo…).

– *Qu'est-ce que vous prenez ?*
– ***De la*** *salade et* ***du*** *poisson.*

– *Pendant les vacances, j'ai fait* ***du*** *vélo.*
– *Et moi* ***de la*** *voile.*

L'ARTICLE PARTITIF		
	Masculin	Féminin
Singulier	**du** poisson **de l'** (+ voyelle)	**de la** salade **de l'** (+ voyelle)
Négation	**pas de**	

Attention !

• Si on parle de la matière ou de la notion en général, on emploie l'article défini.
Je n'aime pas ***le*** *poisson. J'adore* ***la*** *voile.*

• Quand la phrase est négative, l'article partitif est supprimé et remplacé par *de*.
Je prends ***du*** *poisson/Je ne prends pas* ***de*** *poisson.*

• L'article défini, lui, est maintenu.
J'aime ***le*** *poisson. Je n'aime pas* ***le*** *poisson.*

• Le même phénomène peut se produire avec l'article indéfini devant un nom en position de complément.
J'ai acheté ***une*** *voiture. Je n'ai pas acheté* ***de*** *voiture.*

Les adjectifs démonstratifs

On les emploie pour désigner une personne ou un objet.

Je voudrais ***cette*** *jupe, s'il vous plaît.*
Je connais ***cet*** *homme.*
J'aime ***ce*** *blouson.*
Je déteste ***ces*** *chaussures.*

L'ADJECTIF POSSESSIF	
Singulier	Pluriel
Masculin ce, cet*	ces
Féminin cette	
* devant *a, e, i, o, u* ou *h* aspiré.	

Attention !

Dans l'expression du temps, ils peuvent, selon le temps du verbe, exprimer un moment présent, passé, futur.
Ce matin, *je me suis levée à 7 heures.*
Ce soir, *nous dînons/allons dîner au restaurant.*
Cet après-midi, *je suis allée/je vais chez le dentiste.*
Cette année, *nous avons acheté/nous allons acheter une maison à la campagne.*

Les adjectifs possessifs

Ils marquent l'appartenance.
C'est la voiture de Paul ? Oui, c'est ***sa*** *voiture.*

Ils varient en fonction :

– du nombre et du genre de l'objet :
J'ai perdu ***mon*** *sac,* ***ma*** *carte bleue,* ***mes*** *clés.*

– du possesseur (personne, nombre) :
J'ai perdu ***mon*** *sac. Toi, tu as perdu* ***ton*** *sac !*
Elle a perdu ***son*** *sac !*

L'ADJECTIF POSSESSIF			
	Singulier masculin / féminin		Pluriel masculin / féminin
1re pers.	**mon** sac	**ma** jupe **mon** amie	**mes** sacs / jupes
2e pers.	**ton** sac	**ta** jupe **ton** amie	**tes** sacs / jupes
3e pers.	**son** sac	**sa** jupe **son** amie	**ses** sacs / jupes
	Singulier		Pluriel
nous	**notre** } sac		**nos** } sacs
vous	**votre** } jupe		**vos** } jupes
ils / elles	**leur** } amie		**leurs** } amies

Attention !

Devant les parties du corps, on n'emploie pas le possessif, mais l'article défini.

J'ai mal à ***la*** *tête.*
J'ai mal au ***ventre***.
Je me suis fait mal ***au*** *bras.*
Je me suis fait mal ***au*** *pied.*

La quantité

Elle est marquée par :

– des indéfinis : *beaucoup de..., un peu de..., tous les...*

– *Qu'est-ce que vous prenez ?*
– *Je voudrais une tarte* ***avec beaucoup de*** *crème.*
– *Moi,* ***un peu de*** *crème seulement.*
– *Et moi,* ***tous les*** *chocolats.*

– des numéraux : *un, deux, premier, deuxième.*

Les adjectifs qualificatifs

▌ Ils s'accordent en genre et en nombre avec le nom.
*Je préfère la **robe bleue**.*
*J'ai acheté un **pull bleu** et des **chaussures bleues**.*

▌ Pour former le pluriel on ajoute un -s.

▌ Pour former le féminin, en général, on ajoute un -e (sauf lorsque l'adjectif masculin se termine déjà par -e).

Lorsque l'adjectif masculin se termine par une consonne, elle est prononcée au féminin : *allemand, allemande ; français, française.*

Les voyelles nasalisées changent au féminin : *italien, italienne.*

▌ Le plus souvent, les adjectifs se placent après le nom.
*J'ai mangé des chocolats **belges**.*
*Elle a acheté une jupe **rouge**.*

Attention !

*Ce pull est très **beau**.*
*Cette robe est très **belle**.*
*Ces pulls sont très **beaux**.*

*Nous avons **un nouveau** vélo.*
*Nous avons **une nouvelle** voiture.*
*Nous avons **de nouveaux** livres.*

Certains adjectifs se placent avant le nom, en particulier *bon, beau, mauvais, petit, grand, gros.*
*Il y a un **beau** soleil.*
*C'est un **petit** café.*
*C'est un **grand** restaurant.*

Les constructions du verbe

▌ Les verbes peuvent se construire :
– sans complément :
Elle dort.
Elle dîne.
Le train va partir.
Nous arrivons.

– avec un complément sans préposition :
Ce soir, nous avons invité Paul.

– avec un complément précédé de la préposition *à* :
*Il faut téléphoner **à Éric**.*
(verbes *téléphoner, écrire, parler, faire plaisir*… + nom de personne ; verbe *avoir mal* + partie du corps).

– avec un complément précédé de la préposition *de* :
*J'ai profité **de l'été** pour me reposer.*

– avec une proposition complète introduite par *que* (après les verbes *penser, choisir, dire*) :
*Il dit **qu'il ne peut pas partir**.*

– avec un infinitif :
*Elle veut **partir**.*
*Je regrette de ne pas **pouvoir venir** à votre mariage.*

Les pronoms

▌ Les pronoms sujets

	Singulier	Pluriel
1ʳᵉ personne	**je*** travaille	**nous** travaillons
2ᵉ personne	**tu** travailles	**vous** travaillez
3ᵉ personne	**il / elle / on** travaille	**ils / elles** travaillent
	je → j' devant une voyelle	

Attention !

• Le pronom *vous* est utilisé au singulier à la place de *tu* pour représenter une personne qu'on ne connaît pas bien.
***Tu** vas bien ? **Vous** allez bien ?*

• Le pronom *on* est employé dans la langue familière à la place de *nous*.
*Ce soir, **on** va/**nous** allons au cinéma.*

Il exprime également la généralité.
*En France, **on** dîne vers 8 heures du soir.*

▌ Les pronoms compléments

Les pronoms compléments varient suivant la construction du verbe.

PRONOMS COMPLÉMENTS DIRECTS		
	Masculin	Féminin
Singulier	**le**	**la**
	l' (+ voyelle)	**l'** (+ voyelle)
Pluriel	**les**	

– Verbes construits directement :
*Vous prenez **votre billet** maintenant ? Oui, je le prends maintenant.*

PRONOMS COMPLÉMENTS INDIRECTS	
Nom de personne	Nom de chose
Singulier **lui**	**y**
Pluriel **leur**	

– Verbes construits avec *à* :
S'il s'agit d'une personne, on emploie le pronom *lui* (singulier) ou *leur* (pluriel) placé avant le verbe.
*Vous téléphonez **à Paul** ? **à Hélène** ? **à Paul et Hélène** ?*
*Vous **lui** téléphonez ? Vous **leur** téléphonez.*

S'il s'agit d'un objet ou d'un lieu, on emploie *y*.
*Il habite **à Paris** depuis deux ans.*
*Il **y** habite depuis deux ans.*

> **Attention !**
> Au passé composé, le pronom se place avant l'auxiliaire (*avoir* ou *être*).
> ***Paul** est à Paris.*
> *Je **lui** ai téléphoné.*
> *Vous connaissez **l'Espagne** ?*
> *Oui, nous **y** sommes allés deux fois.*

– Verbes construits avec d'autres prépositions (*de, avec, pour*) :
On emploie les formes suivantes (après la préposition) :

	Singulier	Pluriel
1re personne	**moi**	**nous**
2e personne	**toi**	**vous**
3e personne	**lui / elle**	**eux / elles**

*Marie et Sophie sont arrivées. Nous avons parlé avec **elles**.*
*Vous venez avec **moi** ?*

▌ Les formes toniques

Moi, toi, lui, elle... sont aussi employés avec un pronom sujet ou objet, pour insister sur la personne.
***Moi,** j'ai compris.*
***Lui,** je l'ai déjà rencontré.*

▌ Le pronom *en*

Il remplace un nom précédé de l'article partitif ou d'un article indéfini.
– *Vous aimez le café ?*
– *Oui, j'**en** bois (= du café) tous les matins.*

– *Vous faites du sport ?*
– *Oui, j'**en** fais tous les dimanches.*

– *Vous voulez un gâteau ?*
– *Oui, j'**en** voudrais un.*

▌ Les pronoms relatifs

Ils permettent de relier deux propositions, lorsque l'une apporte des précisions sur un nom.
J'ai acheté une voiture. Cette voiture est bleue.
*J'ai acheté une voiture **qui** est bleue.*
*La voiture **que** j'ai achetée est bleue.*

Les constructions impersonnelles

▌ Certains verbes, qu'on appelle des verbes impersonnels, ne s'emploient qu'à la troisième personne du singulier.
Il faut partir.
Il fait beau.
Il fait chaud.
Il pleut.
Il y a des orages.

Les verbes pronominaux

▌ Ils sont composés :
– d'un pronom dit « réfléchi » :
*Il faut **se** lever, puis **se** baisser.*

– du verbe lui-même :
*Il faut vous **lever**, puis vous **baisser**.*

Attention !
• À l'impératif affirmatif, le pronom est placé après le verbe :
***Vous vous** lèvez. Levez-**vous**.*

• Au singulier, la forme du pronom change :
*Tu **te** lèves. Lève-**toi**.*

Les temps

▌ Le temps **présent** exprime un fait actuel, ou un fait futur.
*Aujourd'hui, je **travaille** (en ce moment).*
*Aujourd'hui, je **prends** l'avion (= je vais prendre l'avion).*

▌ Le **passé composé** présente un fait passé.
*Nous **avons pris** le train pour Londres il y a huit jours.*
*J'**ai acheté** un pull pour ma femme.*
La plupart des verbes forment leur passé composé avec l'auxiliaire *avoir*. Mais quelques verbes très employés, en particulier des verbes de mouvement *(venir, aller, partir, arriver, sortir, naître)*, se construisent avec l'auxiliaire *être*.
*Je **suis arrivée** à 7 heures.*
C'est également le cas de tous les verbes pronominaux :
*Nous **nous sommes couchés** très tôt.*

▌ Le **futur proche**, composé du verbe *aller* et d'un autre verbe à l'infinitif, présente un fait futur.
*Nous **allons regarder** la télévision.*
*Je **vais m'inscrire** à un club de gymnastique.*

▌ L'**imparfait** est utilisé pour présenter un état ou une action habituelle passés.
*À vingt ans, j'**étais** sportive.*

Le lieu

▌ Il est marqué par des adverbes (*ici, là*) ou des compléments précédés d'une préposition, qui expriment :
– le lieu où l'on est : *J'habite **(à)** Paris, **en** France.*
– le lieu où l'on va : *Ce train va **à** Bruxelles.*
– le lieu d'où l'on vient : *Nous sortons **de** l'hôtel.*

Attention !
Les noms de pays sont précédés de la préposition *au* (noms de pays masculins) ou *en* (tous les noms commençant par une voyelle, qu'ils soient masculins ou féminins).
*Nous allons **au** Portugal.*
*Nous allons **en** Espagne.*
Les noms de pays au pluriel sont précédés de la préposition *aux*.
*Cet été, nous allons **aux** États-Unis.*
Les noms de ville sont précédés de la préposition *à*.
*Il habite **à** Madrid.*

L'expression du temps

▌ Le **temps** peut être indiqué :

– par un adverbe : *maintenant, hier* ;
– par un complément précédé d'une préposition : *à 8 heures* ;
– par une proposition : ***Quand il fait beau**, je ne travaille pas.*

▌ Les **compléments** varient suivant le moment :

Moment présent	Moment passé	Moment futur
aujourd'hui	hier	demain
ce matin	hier matin	demain matin
cet après-midi	hier après-midi	demain après-midi
ce soir	hier soir	demain soir

▌ La **date** est indiquée :

– par le jour : *mercredi* ;
– par le jour et le mois : *mercredi 18 janvier* ;
– par le jour, le mois et l'année : *mercredi 18 janvier 1884* ;

– par le mois et l'année seuls : *en janvier, en 1884.*

▌ **La durée** est marquée :

– par un complément sans préposition :
*Nous avons dormi **deux heures.***

– par un complément avec préposition :
*Nous avons dormi **pendant deux heures.***

– par un complément qui marque le début et/ou la fin :
*Nous sommes sortis **de 8 heures à 10 heures.***
*Nous avons fait un voyage **du lundi 4 mai au mardi 2 juin.***
*Nous partons **jusqu'en avril.***

La comparaison

▌ Pour comparer, on emploie :
– *plus de, moins de, autant de* + nom + *que* :
*Nous avons **plus de vacances que** vous.*

– verbe + *plus, moins, autant* + *que* :
*Nous **travaillons autant que** vous.*

– *plus, moins, aussi* + adjectif + *que* :
*Cette voiture est **aussi rapide que** la Renault 16.*

Attention !

• Certains adjectifs ont une forme particulière au comparatif :
bon → ***meilleur***
mauvais → ***pire***

• Le superlatif relatif est précédé de l'article :
*C'est la voiture **la plus** rapide.*

• Pour exprimer une intensité plus importante que nécessaire, on emploie *trop* :
*Nous dormons beaucoup. Nous dormons **trop.***
*Nous sommes très fatigués. Nous sommes **trop** fatigués.*

La phrase interrogative

▌ **L'interrogation** peut être marquée :
– par l'intonation :
Tu pars ?

– par *est-ce que*, ou une conjonction composée de *est-ce que* :
***Est-ce que** tu pars ?*
***Quand est-ce que** tu pars ?*

– par l'inversion du sujet :
***Avez-vous** du sucre ?*

La question peut porter sur différents éléments de la phrase (quantité : *combien ?* temps : *quand ?* lieu : *où ?*).

La phrase négative

▌ **La négation** peut porter :
– sur l'ensemble de la phrase :
Je ne travaille pas.

– sur un complément :
*Je **ne** vois **personne.***
*Je **ne** dis **rien.***

– sur le temps :
*Je travaille encore./ Je **ne** travaille **plus.***
*Je travaille déjà./ Je **ne** travaille **plus.***

CONJUGAISON

Verbes en -er

travailler

présent	passé composé	imparfait	impératif
je travaille	j'ai travaillé	je travaillais	travaille
tu travailles	tu as travaillé	tu travaillais	travaillons
il/elle travaille	il/elle a travaillé	il/elle travaillait	travaillez
nous travaillons	nous avons travaillé	nous travaillions	
vous travaillez	vous avez travaillé	vous travailliez	
ils/elles travaillent	ils/elles ont travaillé	ils/elles travaillaient	

Attention !

Acheter : j'achète, j'ai acheté, nous achetons
Envoyer : j'envoie, nous envoyons
Manger : je mange, nous mangeons

Verbes en -ir

choisir

présent	passé composé	imparfait	impératif
je choisis	j'ai choisi	je choisissais	choisis
tu choisis	tu as choisi	tu choisissais	choisissons
il/elle choisit	il/elle a choisi	il/elle choisissait	choisissez
nous choisissons	nous avons choisi	nous choisissions	
vous choisissez	vous avez choisi	vous choisissiez	
ils/elles choisissent	ils/elles ont choisi	ils/elles choisissaient	

Verbes irréguliers

aller

présent	passé composé	imparfait	impératif
je vais	je suis allé(e)	j'allais	va
tu vas	tu es allé(e)	tu allais	allons
il/elle va	il/elle est allé(e)	il/elle allait	allez
nous allons	nous sommes allé(e)s	nous allions	
vous allez	vous êtes allé(e)s	vous alliez	
ils/elles vont	ils/elles sont allé(e)s	ils/elles allaient	

être

présent	passé composé	imparfait	impératif
je suis	j'ai été	j'étais	sois
tu es	tu as été	tu étais	soyons
il/elle est	il/elle a été	il/elle était	soyez
nous sommes	nous avons été	nous étions	
vous êtes	vous avez été	vous étiez	
ils/elles sont	ils/elles ont été	ils/elles étaient	

avoir

présent	passé composé	imparfait	impératif
j'ai	j'ai eu	j'avais	aie
tu as	tu as eu	tu avais	ayons
il/elle a	il/elle a eu	il/elle avait	ayez
nous avons	nous avons eu	nous avions	
vous avez	vous avez eu	vous aviez	
ils/elles ont	ils/elles ont eu	ils/elles avaient	

Verbes irréguliers

venir

présent	passé composé	imparfait	impératif
je viens	je suis venu(e)	je venais	viens
tu viens	tu es venu(e)	tu venais	venons
il/elle vient	il/elle est venu(e)	il/elle venait	venez
nous venons	nous sommes venu(e)s	nous venions	
vous venez	vous êtes venu(e)s	vous veniez	
ils/elles viennent	ils/elles sont venu(e)s	ils/elles venaient	

prendre

présent	passé composé	imparfait	impératif
je prends	j'ai pris	je prenais	prends
tu prends	tu as pris	tu prenais	prenons
il/elle prend	il/elle a pris	il/elle prenait	prenez
nous prenons	nous avons pris	nous prenions	
vous prenez	vous avez pris	vous preniez	
ils/elles prennent	ils/elles ont pris	ils/elles prenaient	

mettre

présent	passé composé	imparfait	impératif
je mets	j'ai mis	je mettais	mets
tu mets	tu as mis	tu mettais	mettons
il/elle met	il/elle a mis	il/elle mettait	mettez
nous mettons	nous avons mis	nous mettions	
vous mettez	vous avez mis	vous mettiez	
ils/elles mettent	ils/elles ont mis	ils/elles mettaient	

dire

présent	passé composé	imparfait	impératif
je dis	j'ai dit	je disais	dis
tu dis	tu as dit	tu disais	disons
il/elle dit	il/elle a dit	il/elle disait	dites
nous disons	nous avons dit	nous disions	
vous dites	vous avez dit	vous disiez	
ils/elles disent	ils/elles ont dit	ils/elles disaient	

faire

présent	passé composé	imparfait	impératif
je fais	j'ai fait	je faisais	fais
tu fais	tu as fait	tu faisais	faisons
il/elle fait	il/elle a fait	il/elle faisait	faites
nous faisons	nous avons fait	nous faisions	
vous faites	vous avez fait	vous faisiez	
ils/elles font	ils/elles ont fait	ils/elles faisaient	

sortir

présent	passé composé	imparfait	impératif
je sors	je suis sorti(e)	je sortais	sors
tu sors	tu es sorti(e)	tu sortais	sortons
il/elle sort	il/elle est sorti(e)	il/elle sortait	sortez
nous sortons	nous sommes sorti(e)s	nous sortions	
vous sortez	vous êtes sorti(e)s	vous sortiez	
ils/elles sortent	ils/elles sont sorti(e)s	ils/elles sortaient	

Verbes irréguliers

boire

présent	passé composé	imparfait	impératif
je bois	j'ai bu	je buvais	bois
tu bois	tu as bu	tu buvais	buvons
il/elle boit	il/elle a bu	il/elle buvait	buvez
nous buvons	nous avons bu	nous buvions	
vous buvez	vous avez bu	vous buviez	
ils/elles boivent	ils/elles ont bu	ils/elles buvaient	

conduire

présent	passé composé	imparfait	impératif
je conduis	j'ai conduit	je conduisais	conduis
tu conduis	tu as conduit	tu conduisais	conduisons
il/elle conduit	il/elle a conduit	il/elle conduisait	conduisez
nous conduisons	nous avons conduit	nous conduisions	
vous conduisez	vous avez conduit	vous conduisiez	
ils/elles conduisent	ils/elles ont conduit	ils/elles conduisaient	

tenir

présent	passé composé	imparfait	impératif
je tiens	j'ai tenu	je tenais	tiens
tu tiens	tu as tenu	tu tenais	tenons
il/elle tient	il/elle a tenu	il/elle tenait	tenez
nous tenons	nous avons tenu	nous tenions	
vous tenez	vous avez tenu	vous teniez	
ils/elles tiennent	ils/elles ont tenu	ils/elles tenaient	

partir

présent	passé composé	imparfait	impératif
je pars	je suis parti(e)	je partais	pars
tu pars	tu es parti(e)	tu partais	partons
il/elle part	il/elle est parti(e)	il/elle partait	partez
nous partons	nous sommes parti(e)s	nous partions	
vous partez	vous êtes parti(e)s	vous partiez	
ils/elles partent	ils/elles sont parti(e)s	ils/elles partaient	

écrire

présent	passé composé	imparfait	impératif
j'écris	j'ai écrit	j'écrivais	écris
tu écris	tu as écrit	tu écrivais	écrivons
il/elle écrit	il/elle a écrit	il/elle écrivait	écrivez
nous écrivons	nous avons écrit	nous écrivions	
vous écrivez	vous avez écrit	vous écriviez	
ils/elles écrivent	ils/elles ont écrit	ils/elles écrivaient	

lire

présent	passé composé	imparfait	impératif
je lis	j'ai lu	je lisais	lis
tu lis	tu as lu	tu lisais	lisons
il/elle lit	il/elle a lu	il/elle lisait	lisez
nous lisons	nous avons lu	nous lisions	
vous lisez	vous avez lu	vous lisiez	
ils/elles lisent	ils/elles ont lu	ils/elles lisaient	

TABLEAU DES CONTENUS

DOMINANTE THÉMATIQUE	CONTENU GRAMMATICAL	CONTENU COMMUNICATIF	PHONÉTIQUE	COMPÉTENCES
Unité 1 : **Identité**	• Pronoms sujets : *je, tu, il, elle* • Conjugaison (*être, avoir,* + verbes en *-er*) • Questions (nom, âge, profession, domicile, identité)	• Présenter/ se présenter • Compter 1 → 100 • Identifier	• Intonation • Graphie : **es, est** ou **ai**	• Comprendre un descriptif d'identité (oral et écrit) • Présenter quelqu'un en donnant des éléments d'identité
Unité 2 : **Demandes et commandes**	• *Je voudrais* • *Vous* • L'article indéfini : *un, une, des* • Pronoms toniques : *moi je, toi tu…* • Le présent des verbes *être, avoir, prendre, aller, faire,* + verbes en *-er* (trois personnes du singulier + *vous*)	• Demander un objet • *Tu* ou *vous* • Demander/ indiquer un prix • Compter : 100 → 500	• /e/ //ɛ/ • Graphie : **é** ou **ez**	• Comprendre une commande • Commander un objet • Comprendre un bon de commande • Remplir un bon de commande
Unité 3 : **Habitation**	• Caractérisation • L'article défini : *le, l', la, les* • La négation • Le pluriel des verbes au présent • Les verbes *pouvoir, vouloir* • Les ordinaux	• Caractériser une chambre • Identifier les éléments d'une annonce immobilière • Compter de 500 à 1 million	• Les liaisons • Graphie : le **e** muet	• Comprendre la description d'un appartement • Décrire un appartement (oral et écrit) • Faire une lettre de demande d'appartement
Unité 4 : **Déplacements**	• L'article contracté : *au, aux* • Place et accord de l'adjectif	• Demander/ indiquer une direction • Dire ce qui est interdit, dire ce qui est obligatoire • Expliciter les consignes du code de la route • Se repérer sur un plan	• /t/ //d/ • Graphie : **t** ou **th**	• Comprendre un itinéraire (oral et écrit) • Indiquer un itinéraire (oral et écrit)

DOMINANTE THÉMATIQUE	CONTENU GRAMMATICAL	CONTENU COMMUNICATIF	PHONÉTIQUE	COMPÉTENCES
Unité 5 : **Propositions,** **invitations**	• Les possessifs : *mon, ma, mes… notre, votre, leur…* • Le verbe *venir* au présent	• Proposer, accepter, refuser • Utiliser des formules de politesse • Demander/dire l'heure	• /õ/ /ã/ • Graphie : **on, om, en, an, em, am**	• Comprendre des propositions d'activités (oral) • Présenter oralement des activités • Comprendre une invitation écrite • Écrire un mot d'acceptation ou de refus à une invitation
Unité 6 : **Voyages**	• Pronoms compléments directs : *le, la, l', les* • Prépositions et noms de pays • Conjugaison au présent des verbes *partir, connaître,* + les verbes en *-ir* (*choisir*)	• Acheter un billet de train	• /i/ /y/ /u/	• Comprendre une demande de destination • Comprendre une publicité d'agence de voyages • Demander des informations dans une agence de voyages (oral) • Inviter quelqu'un à faire un voyage (écrit)
Unité 7 : **Vêtements**	• L'adjectif démonstratif : *ce, cet, cette, ces* • Les comparatifs : *plus, moins, aussi* + adjectif + *que* • Le verbe *mettre* au présent	• Demander et décrire un vêtement (formes, couleurs)	• /ʃ/ /ʒ/ • Graphie : **g** ou **j**	• Reconnaître une personne à partir d'un descriptif oral • Acheter un vêtement dans un magasin (oral) • Comprendre des informations écrites sur des magasins de vêtements • Faire le descriptif d'un vêtement qu'on souhaite acquérir (écrit)
Unité 8 : **Alimentation**	• L'article partitif : *du, de la, de l'* • La quantité : *beaucoup de, un peu de* • Le partitif et la négation : *pas de*	• Demander un service • Donner une consigne	• /s/ /z/ • Graphie : **s** ou **ss** ou **c**	• Comprendre des renseignements de type alimentaire donnés oralement • Commander des plats dans un restaurant • Comprendre une recette écrite • Inviter quelqu'un à dîner par écrit

TABLEAU DES CONTENUS

DOMINANTE THÉMATIQUE	CONTENU GRAMMATICAL	CONTENU COMMUNICATIF	PHONÉTIQUE	COMPÉTENCES
Unité 9 : **Pertes et oublis**	• Le passé composé avec l'auxiliaire *avoir* • Les compléments de temps : *hier, avant-hier…* • *oui* ou *si*	• Raconter un événement (perte d'objet) • Les formules de politesse à l'écrit	• /p/ / /f/ • Graphie : **p** ou **pp**, **f**, **ff** ou **ph**	• Comprendre un récit oral • Expliquer les conditions dans lesquelles on a perdu un objet (oral) • Comprendre des conseils en cas de perte ou de vol (écrit) • Écrire une lettre pour informer d'un événement
Unité 10 : **Lieux touristiques**	• Le passé composé avec l'auxiliaire *être* • Le pronom *y* • Les compléments de temps (suite) : *en été, pendant deux jour, de… à*	• Raconter une visite • Décrire un lieu	• /o/ / /ɔ/ • Graphie : **o**, **au** ou **eau**	• Comprendre des indications sur les loisirs (oral) • Demander des informations sur une destination de voyage • Comprendre les informations d'un guide touristique (écrit) • Écrire une carte postale pour raconter un voyage
Unité 11 : **Voitures**	• Le futur proche : *je vais…* • Le superlatif : *le plus, le moins…, le meilleur* • Le pronom interrogatif : *quel, quelles…*	• Comparer des objets (voitures) et donner leurs qualités • Poser des questions concernant les caractéristiques d'une voiture	• /b/ / /v/	• Comprendre des informations concernant une voiture (oral) • Acheter ou louer une voiture dans un magasin (oral) • Comprendre des démarches concernant une voiture (écrit) • Décrire une voiture (écrit)
Unité 12 : **Météo**	• Les adverbes : *malheureusement, heureusement* • Les compléments de temps portant sur un moment futur : *bientôt, le mois prochain*	• Les formules téléphoniques • Les indications météorologiques	• /r/ / /l/ • Graphie : **l** ou **ll**	• Comprendre un bulletin météorologique • Raconter au téléphone une visite touristique • Comprendre une lettre racontant une visite touristique • Écrire une lettre pour raconter ce qu'on a fait et dire ce qu'on va faire au cours d'une visite touristique

TABLEAU DES CONTENUS

DOMINANTE THÉMATIQUE	CONTENU GRAMMATICAL	CONTENU COMMUNICATIF	PHONÉTIQUE	COMPÉTENCES
Unité 13 : **Sports**	• Le pronom *en* • Les verbes pronominaux (présent, impératif) • *très/trop*	• Décrire des mouvements du corps • Donner des consignes de mouvements du corps	• /v/ /f/ • Graphie : **f** (masc.)/ **v** (fém.)	• Comprendre des indications concernant les pratiques sportives (oral) • Demander des renseignements sur des activités sportives (oral) • Comprendre des informations sur les pratiques sportives (écrit) • Écrire à un club de gymnastique pour avoir des informations sur des activités sportives
Unité 14 : **Santé**	• *Avoir mal à* + partie du corps • Le passé composé des verbes pronominaux • L'imparfait des verbes *être, avoir, faire, aller, prendre*	• Dire où on a mal • Raconter un événement habituel et faire une description passée	• /ø/ /œ/ • Graphie : **eu** ou **œu**	• Raconter et comprendre le déroulement d'un accident (oral) • Comprendre des conseils liés à la santé (écrit) • Écrire une lettre pour expliquer un problème de santé
Unité 15 : **Professions**	• Les relatifs : *qui, que* • La mise en relief : *c'est moi qui…, c'est lui que…* • Les négations : *déjà…, ne… jamais, ne… pas encore, ne… plus*	• Se présenter professionnellement	• /p/ /b/ • Graphie : **p** ou **pp**	• Se présenter pour un poste (oral) • Comprendre des indications d'activités professionnelles (oral) • Comprendre des offres d'emploi et des demandes d'emploi • Faire par écrit une demande d'emploi. Rédiger un CV
Unité 16 : **Relations familiales et affectives**	• Les compléments à l'indicatif avec *que* (*dire, penser que…*) • Le verbe *devoir* au conditionnel • La conjugaison des verbes *vivre, croire* • Les pronoms compléments indirects *lui, leur* • Le style direct et le style indirect	• Exprimer une opinion • Rapporter des propos • Conseiller • Présenter sa famille	• /w/ /j/ • Graphie : **i, y** ou **ill**	• Comprendre une conversation dans un magasin sur l'achat d'un cadeau • Donner des explications dans une agence pour choisir un voyage de noces (oral) • Comprendre un article de presse sur un mariage • Écrire à des amis à l'occasion d'un mariage

TABLE DES MATIÈRES

CRÉDITS PHOTOGRAPHIQUES

Couverture : Option Photo/R. Auvray, Hoa-Qui/Isip, Hémisphères/Hartmut Krinitz.

p. 9 : bd : Vincent Gauvreau ; bg : Image Bank/Alain Ernoul/Ernoult Features ; hd : Chanel, service de presse ; hg : Sygma/Stéphane Klein ; md : Image Bank/Yannick le Gal/Ernoult Features ; mg : Sygma/Thierry Orban ; p. 19 : d : Stills/Arnal ; g : Gamma/Francis Apesteguy ; m : Gamma/Alain Morvan ; p. 22 : h : Frédéric Hanoteau ; p. 39 : Michel Bernard/Artaud Frères Éditeurs, Carquefou ; p. 39 : bm : Sony, service de presse ; hg : Frédéric Hanoteau ; hm : Explorer/Francis Jalain ; mg : Explorer/D. Clément ; p. 40 : b : Hémisphères/Pawel Wysocki ; h : Accor/Hôtel Mercure ; p. 52 : b : Hoa-Qui/Isip ; h : Hémisphères/Bertrand Garel ; m : ASK Images/Degas-Parra ; p. 54 : Image Bank/P & G Bowater/Ernoult Features ; p. 64 : b : Option Photo/Dominique Azambre ; h : Option Photo/R. Auvray ; p. 65 : bd : Hanoteau Frédéric ; bg : Hanoteau Frédéric ; hd : Explorer/Francis Jalain ; hg : Explorer/D. Clément ; md : Hanoteau Frédéric ; md : Explorer/ G. Michael ; mg : Hanoteau Frédéric ; mg : Cedus/H. Yeru ; p. 67 : Visa Image/A. Muriot ; p. 68 : Image Bank/Marvin E. Newman ; p. 69 : bd : Explorer/Fiore ; hg : Explorer/R. Rosenthal ; md : Hoa-Qui/Alfred Wolf ; mg : Explorer/Philippe Leroux ; p. 80 : d : Hémisphères/Stéphane Frances ; g : Hémisphères/ Hartmut Krinitz ; p. 82 : b : Fotogram-Stone Images/Bruno de Hogues ; hd : Hémisphères/Pawel Wysocki ; hg : Image Bank/Raphaël van Butsele/Ernoult Features ; p. 85 : Éditions Estel-Blois ; p. 88 : Volvo Automobiles France S.A./Agence Australie ; p. 99 : b : Fotogram-Stone Images/Michael Busselle ; hd : Explorer/ D. Casimiro ; hg : Explorer/J. Raga ; p. 127 : hd : Fotogram-Stone Images/Kaluzny/Thatcher ; hg : Gamma/ Éric Legouhy ; hm : Gamma/J.M. Nossant.

Édition : Martine Ollivier

Conception graphique/Mise en pages : Planète Publicité

Couverture : Nadia Maestri

Illustrations : Dominique Boll, Gabs.
Laurent Audouin, Jean-Claude Bauer, Marie-Hélène Carlier, Philippe Chapelle.

Cartographie : Graffito

Recherche iconographique : Nadine Gudimard

Conseil artistique : Catherine Tasseau

N° d'éditeur : 10186395 - C.G.I. - CTF - Février 2012

Imprimé en Italie par Vincenzo Bona